ENDLICH
LADY!

GOLDMANN

Lesen erleben

Buch
Der Glamour erwachsener Frauen

Die Gentlewoman in der Mitte des Lebens weiß, was ihr steht und zu ihr passt. Ihr Lebensgefühl: Aufbruchstimmung.
Was spricht eigentlich dagegen, langgehegte Träume jetzt in die Tat umzusetzen? Wie mache ich das Beste aus meinen neu gewonnenen Freiheiten? Und hat mein modischer Stil genauso viel Esprit wie mein aktuelles Ich?
Zu all den Fragen, die sich in dieser Phase stellen, gibt Elke Krüsmann wertvolle und überraschende Anregungen. Sie lädt ihre Leserinnen auf unterhaltsame Weise zum Weiterdenken ein. Dabei lässt sie sich inspirieren von den Erkenntnissen moderner Stilikonen wie Miuccia Prada, Charlotte Rampling und Carine Roitfeld.

Autorin
Elke Krüsmann, geboren 1961, studierte Germanistik und arbeitet seit 25 Jahren als Journalistin. Nach Stationen als Autorin u. a. bei den Magazinen »Ambiente« und »Bunte« schreibt sie heute bei der Zeitschrift »Elle« vor allem über Themen aus Psychologie und Mode. Sie lebt mit ihrem Mann in München.

Illustrator
Til Mette

Außerdem von Elke Krüsmann im Programm
Lovestory (HC) (📖 auch als E-Book erhältlich)

ELKE KRÜSMANN

ENDLICH
LADY!

ÄLTER WERDEN
MUSS NICHT BEIGE SEIN

GOLDMANN

Alle Ratschläge in diesem Buch wurden vom Autor und vom Verlag sorgfältig erwogen und geprüft. Eine Garantie kann dennoch nicht übernommen werden. Eine Haftung des Autors beziehungsweise des Verlags und seiner Beauftragten für Personen-, Sach- und Vermögensschäden ist daher ausgeschlossen.

Verlagsgruppe Random House FSC® N001967
Das für dieses Buch verwendete FSC®-zertifizierte Papier *Classic 95*
liefert Stora Enso, Finnland.

 Dieses Buch ist auch als E-Book erhältlich.

1. Auflage
Vollständige Taschenbuchausgabe November 2015
Wilhelm Goldmann Verlag, München,
in der Verlagsgruppe Random House GmbH
© 2013 Mosaik Verlag, München,
in der Verlagsgruppe Random House GmbH
Umschlaggestaltung: Uno Werbeagentur, München
Nach einer Gestaltung von Zeichenpool unter Verwendung
eines Bildes von Shutterstock.com/Sharon Alexander
Redaktion: Manuela Knetsch
Satz: Buch-Werkstatt GmbH, Bad Aibling
Druck und Bindung: GGP Media GmbH, Pößneck
JE · Herstellung: IH
Printed in Germany
ISBN 978-3-442-17571-0
www.goldmann-verlag.de

Besuchen Sie den Goldmann Verlag im Netz

INHALT

ERKENNTNISSE,

die unwiderstehlich machen

ABENTEUER,

auf die man sich einlassen sollte

EINLEITUNG

Allein unter Jungen: eine Expedition zum Kontinent der Coolness

ZUM GEBURTSTAG ÜBERRASCHTE mich mein Augenoptiker mit einem Brief. Er war in Form eines kleinen Abreißkalenders gestaltet, dessen einzelne Blätter man nacheinander herunterzupfen konnte.

»Herzlichen Glückwunsch zum Geburtstag, Frau Kruesmann!«, hieß es auf der ersten Seite. Ein Computerprogramm hatte in den Text in regelmäßigen Abständen meinen Namen eingestreut. Ein durchschaubarer Trick, aber er funktionierte. Ich war neugierig, auf was die Sache hinauslaufen würde.

Auf dem zweiten Blatt ging es weiter:

»Schön, dass Sie keine 46 mehr sind.«

Die 46, fett gedruckt und mittig platziert, nahm fast den gesamten Raum auf der Seite ein.

»Denn mit diesem Coupon erhalten Sie, liebe Frau Kruesmann, Ihrem Alter entsprechend 47 Prozent plus

10 Prozent Geburtstagsrabatt extra auf Brillenfassungen beim Kauf einer Brille in Ihrer Sehstärke.«

Die 47 war wieder dick und dominant auf der Seite eingestanzt wie der Abdruck eines Brandeisens auf einem Kälbchenpo.

Das Angebot klang attraktiv. Trotzdem löste die in Trauerschwarz gedruckte 47 bei mir keine freudige Erregung aus. 47 – zwei Ziffern ohne besondere symbolische Bedeutung, eine Zahl in der Mitte zwischen 0 und 100, nicht mehr und nicht weniger. Dennoch kam sie mir bedrohlich vor wie ein Menetekel. Denn sie führte mir vor Augen, wo ich in diesem Moment angekommen war: im Niemandsland zwischen neugeborenem Baby und Greis. Es blieb nur noch eine kurze Zeitspanne, dann würde ich über die Klippe der 50 kippen und mich auf die 100 zubewegen. Ich war dabei, durch die Sümpfe des mittleren Alters zu waten.

Mittleres Alter – ein Begriff, der eher nach abgestandenem Bier klingt als nach Sex and Drugs and Rock 'n' Roll. Denn wann immer das Adjektiv »mittel« erklingt, schwingen allerlei zweifelhafte Assoziationen mit: Mittelmaß, mittelprächtig, Mittelweg.

Plötzlich hinterlässt vieles, was man früher interessant fand, ein Déjà-vu-Gefühl. In einer Sonntagszeitung liest man zum Beispiel, dass ein Niederländer namens Floris van Bommel eine Schuhmarke neu erfunden hat. Ein Artikel, den man früher zumindest überflogen hätte. Nun registriert man, dass einem das ewige Auf und Ab der Moden und Trends ziemlich gleichgültig geworden ist.

Gut konserviert

Wer wirklich gute Anti-Aging-Tipps bekommen will, sollte 100-Jährige fragen. Denn sie sind glaubwürdige Zeugen für deren Wirksamkeit. »Ich halte mich von Naturkost fern«, bekannte etwa der Schauspieler und Entertainer George Burns, der 1996 im Alter von 100 Jahren gestorben ist. »In meinem Alter kann man alle Konservierungsstoffe brauchen, die man kriegen kann.«

Und, noch schlimmer: In Gesellschaft wesentlich Jüngerer fühlt man sich jetzt öfter, als wäre man per Zufall in die von Premium-Schönheiten bevölkerte Weihnachtsfeier einer Model-Agentur geraten: irgendwie defizitär. Die Angst, man könnte stören, wird zur vertrauten Begleiterin. Man ist ein »Vorgezeichneter«, wie Ingeborg Bachmann es in ihrem Buch »Das 30. Jahr« beschreibt.

Besucht man einen Event, auf dem man zu den älteren Gästen gehört, steht die Frage, ob man sich auch amüsieren wird, nicht mehr im Vordergrund. Stattdessen geht es den ganzen Abend lang nur noch darum, sein soziales Überleben zu sichern. So geriet ich eines Abends unter junge, hippe Leute im jungen, hippen Münchner Szenelokal Café King. Eine Kollegin feierte ihren 44. Geburtstag. Sie ist einer dieser erstaunlichen Menschen, die es geschafft haben, mit 44 noch jung und hip zu sein. Was sicher auch damit zusammenhängt, dass sie mit vielen Männern und Frauen unter 30 befreundet ist. Ich saß also inmitten von sehr jungen Paaren, versuchte verkrampft, Pointen zu platzieren, damit nicht auffiel, dass ich in dieser Gesellschaft die Gesichtsälteste war. Die anderen Gäste gaben sich Mühe, mich freundlich vom Fremdeln abzulenken. Ich war ihnen sehr dankbar. Doch als ich gegen Mitternacht erleichtert das Lokal verließ, fühlte ich mich – vor lauter Anstrengung, mir meine Verunsicherung nicht anmerken zu lassen – so erschöpft, als hätte ich acht Runden gegen Wladimir Klitschko geboxt.

Lektion zum Thema Nachhaltigkeit

»Wenn morgen die Welt unterginge, würde ich heute noch ein Apfelbäumchen pflanzen«, sagte Martin Luther. Vom Standpunkt mancher junger Leute aus gesehen, wäre das eine ziemlich unsinnige Aktion. Sie betrachten schon weitaus weniger weit in die Zukunft reichende Pläne ihrer Eltern als Verschwendung von Ressourcen. So erklärten zwei Mittfünfziger aus unserem Bekanntenkreis ihrem Sohn, sie würden sich demnächst ein Smartphone zulegen. Erstauntes Stirnrunzeln des 30-jährigen Sprösslings. »In eurem Alter? Aber das lohnt sich doch gar nicht mehr!«

Egal, wie jung wir uns noch fühlen – der Blick der anderen macht uns alt

Jahrelang hatte ich mich in der Sicherheit gesuhlt, ein noch relativ junger Mensch zu sein. Nun sehe ich, dass mir etwas entgleitet, das mir so lange selbstverständlich war: die Jugend. Man fühlt sich noch jung mit 47. Und wird von neutralen Beobachtern doch anders eingeschätzt. Diese Diskrepanz zwischen der eigenen Wahrnehmung und dem Urteil der anderen vergrößert das Unbehagen der Mitglieder im Endvierziger-Club.

Eine 25-jährige Verwandte schaute sich kürzlich in Begleitung einer gleichaltrigen Freundin unsere frisch bezogene Wohnung an. Am Ende des Besichtigungsrundgangs blieb die Freundin bewundernd vor der Bücherwand meines Mannes stehen und seufzte: »Toll! So eine Bibliothek möchte ich auch haben, wenn ich alt bin!«

Älterwerden: Um uns herum beobachten wir jeden Tag Menschen, die mit dieser Aufgabe ringen. Den entschlossenen Gesichtern und sportgestählten Körpern des Modedesigners Giorgio Armani oder des Popstars Madonna sieht man an, wie viel Energie es kostet, dem physischen Verfall Paroli zu bieten. Aber selbst wenn sie es 40 Jahre lang schaffen, die Körper von 20-Jährigen zu konservieren, ahnt man, dass dies keine nachhaltige Lösung für die Herausforderung des Älterwerdens ist.

Andere Prominente wiederum – der Schauspieler Clint Eastwood, der Modedesigner Hubert de Givenchy und die Sängerin Jane Birkin sind drei Beispiele – bewältigen diese Aufgabe scheinbar mühelos. Ihr Geheimnis – und das der vielen souverän Alternden außerhalb des medialen Scheinwerferlichts – zu ergründen, ist Ziel dieses Buchs. Es ist beseelt von der Hoffnung, dass man lernen kann, stilvoll älter zu werden – und inspiriert von dem Verdacht, dass Botox & Co. dabei wenig hilfreich sind.

Stattdessen, so die These, geht es um etwas anderes: So wie der Körper sich verändert, wäre es wünschenswert, dass sich auch die Gedanken und die Einstellung des Menschen anpassen, die er gegenüber den Phänomenen an den Tag legt, die ihm in seiner neuen Lebensphase begegnen. Es kommt darauf an, eine Haltung zu entwickeln, mit der man sich graziös durch die mittleren (und höheren) Jahre bewegt.

Der Club der mittelalten Menschen: ein Verein auf Wachstumskurs

Wann aber ist der Zeitpunkt erreicht, an dem das Älterwerden und die Reflexion über diesen Prozess für den Eben-noch-jung-Gewesenen zu einem unausweichlichen

Thema werden? Ein kleiner Test wird Ihnen in wenigen Minuten Klarheit verschaffen.

Kommt Ihnen eines der folgenden Erlebnisse bekannt vor?

Situation eins: Sie treffen sich mit einigen etwa gleichaltrigen Freundinnen in einer Bar oder in einem Restaurant. Der Kellner bringt die Speisen- und Getränkekarte. Plötzlich kramen alle – wie auf Verabredung – ihre Lesebrillen aus den Handtaschen, als handele es sich um eine von einem Kabarettisten erdachte Choreografie.

Situation zwei: Sie registrieren, dass Sie sich die Namen der Hollywood-Blondinen, die nach Cameron Diaz die Szene betraten, nicht mehr einprägen können. Katherine Heigl, Kate Bosworth, Emma Stone oder Hilary Duff – irgendwie sieht die eine wie die andere aus. »Komisch, als ich jung war, konnte ich mir die Gesichter älterer Leute nicht merken«, kommentiert eine Anfang der 60er-Jahre geborene Kollegin dieses Phänomen. »Jetzt geht es mir plötzlich mit den jüngeren Leuten so.«

Situation drei: In der Firma hat ein neuer Praktikant angefangen. In Ihrer Abteilung ist es üblich, sich zu duzen, deshalb sagen Sie: »Herzlich willkommen, ich bin übrigens die X.« Der Neue nimmt es freundlich nickend zur Kenntnis, wird Sie in den folgenden drei Monaten aber weiterhin unbeirrt mit »Sie« anreden. Das tut er nicht etwa aus Unhöflichkeit oder weil er will, dass Sie neben

Unter Aliens

»Die zieht sich viel zu jung an für ihr Alter«: Eine Bemerkung, die Jüngeren bei der Betrachtung Älterer sehr leicht von den Lippen perlt. Man sollte diesen Satz nicht zu ernst nehmen. Denn folgende Erfahrung bleibt keinem erspart, der an seinem Arbeitsplatz mit wesentlich Jüngeren zusammentrifft: 20-Jährige betrachten ihre 50-jährigen Kollegen wie Fremdlinge von einem anderen Stern. Oft hat man gar den Eindruck, die Mitarbeiter aus der Generation I-Phone sind überrascht, dass der nicht mehr ganz junge Mensch im Zimmer nebenan nicht im Mammutfell, sondern in Jeans vor dem Computer sitzt.

So näherte sich bei einem Hamburger Lifestyle-Magazin eine junge Praktikantin einem etwa 40-jährigen Redakteur mit der Frage: »Sag mal Uli, ich schreibe gerade einen Artikel über Retro-Trends in der Küche und Köstlichkeiten der 50er-Jahre. Da gab es doch diesen Toast Hawaii. Du erinnerst dich sicher noch an die Zeit: Wie schmeckte der denn?«

Der Redakteur, in den 70er-Jahren geboren, ließ sich nichts anmerken. Er schilderte, wie sich beim ersten Biss in die getoastete Weißbrotschei-

*be der cremige Geschmack der Scheiblette mit
dem fruchtig süßen Aroma einer Ananasscheibe
vermischt. Seitdem weiß er, was die hübschen
Kolleginnen denken, wenn sie ihm mit lässig auf
dem Oberkopf zusammengesteckten Chignons auf
dem Redaktionsflur entgegenkommen: Für ein
Relikt aus dem Pleistozän hat der
Mann sich ganz gut gehalten.*

ihm alt aussehen. Er ist es einfach nicht gewohnt, fremden Menschen, die im Alter seiner Eltern sind, mit freundschaftlichem »Du« auf die Schulter zu klopfen.

Situation vier: Eine Freundin erzählt, dass kürzlich einer
ihrer Bekannten gestorben sei: Bauchspeicheldrüsen-/
Lungen-/Darmkrebs. Im Alter von 30 oder 40 Jahren hätten Sie geistesabwesend kondoliert und wären dann zu
einem anderen Thema übergegangen. Das Schicksal des
Ihnen unbekannten Mannes hätte Sie nicht weiter interessiert. Jetzt erwacht der Hypochonder in Ihnen, und Sie
bombardieren die Freundin mit Fragen: »Wie viel hat er
denn so getrunken? Er hat vermutlich stark geraucht/viel

rotes Fleisch gegessen? An welchen Anzeichen hat er denn gemerkt, dass mit ihm etwas nicht in Ordnung ist?« Noch am selben Abend nehmen Sie sich vor, mal wieder eine Woche zum Heilfasten ins Allgäu zu gehen – und überhaupt asketischer zu leben.

Mindestens drei dieser vier Situationen haben Sie so oder ähnlich schon einmal erlebt? Willkommen in einer sympathischen Schicksalsgemeinschaft, die täglich größer wird: Willkommen im Land der mittelalten Menschen.

WAHRHEITEN,

denen man sich stellen muss

*»Die einzig wahre Eleganz
ist die im Geiste – wer sie
besitzt, für den ergibt sich
die äußerliche von selbst.«*

DIANA VREELAND

Warum die Babyboomer die neue Macht im Land sind – und wie sie diese Macht klug nutzen

DER SCHRIFTSTELLER ERNST AUGUSTIN hat in seiner autobiografisch getönten Erzählung »Generationenvertrag« geschildert, wie der Umgang der jüngeren mit älteren Menschen sich in den vergangenen Jahrzehnten verändert hat. Die Geschichte spielt in den 30er-Jahren. Die Eltern hatten die Hauptfigur, einen vielleicht 10-jährigen Jungen, so erzogen, dass er in Bus und Bahn immer sofort seinen Sitzplatz freigeben musste, sobald sich ein Mensch fortgeschrittenen Alters näherte und kein anderer Platz verfügbar war.

Während einer Bahnfahrt, die über eine weite Distanz führte, stand das Kind einmal stundenlang im Gang. Denn jedes Mal, wenn ein Alter endlich ausstieg, reklamierte sofort der nächste Betagte Anspruch auf den Platz. Der Knabe tröstete sich mit folgender Aussicht: Wäre er in 50 Jahren selber alt, müssten die Jungen für ihn aufstehen.

Mit feiner Ironie beschreibt Augustin, dass sich – als die nun gealterte Hauptfigur ihr Guthaben von der Gefälligkeitsbank abheben will – die Regeln verändert haben. Nun rivalisieren die Jungen mit den Alten um die Plätze – mit ausgefahrenen Ellenbogen. Inzwischen erlebt man es sogar öfter, dass ein mittelalter Mensch in der Straßenbahn seinen Platz freiräumt, wenn ein kleines Kind die Szene betritt: »Du möchtest dich doch sicher hinsetzen, nicht wahr?« Auch dieses Verhalten reflektiert die Machtverhältnisse: Die Älteren spüren ihren Status als Deklassierte, die Minderjährigen werden umworben.

Respekt fällt den Älteren nicht mehr automatisch zu. Sie müssen ihn sich verdienen

Jahrzehntelang gab es einen stillschweigenden Konsens darüber, dass älteren Menschen Respekt gebührt und ihnen gewisse Rechte eingeräumt werden. Nicht aufgrund irgendwelcher Verdienste – sondern einfach aus dem Grund, weil sie so alt geworden sind. So gebot es das Senioritätsprinzip. Irgendwann zwischen Mitte und Ende des zweiten Jahrtausends verschwand dieses Prinzip aus der Welt – geräuschlos wie der Hüfthalter und das Wählscheibentelefon.

Lediglich das Bundesverfassungsgericht hält treu an dieser Tradition fest. Als die Richter im September 2012 über den Euro-Rettungsschirm ESM berieten, taten sie dies nach folgendem ritualisierten Ablauf: Zuerst musste der dienstjüngste Richter das Wort ergreifen. Der am längsten dienende Richter redete zuletzt. Für den Vorsitzenden Andreas Voßkuhle hatte das den Vorteil, dass er alle Positionen seiner Kollegen kennenlernen konnte, bevor er sich selbst zu Wort meldete.

In den westlichen Gesellschaften gab es bis vor Kurzem nur noch ein weiteres Feld, auf dem das Senioritätsprinzip bis ins dritte Jahrtausend hinein Gültigkeit hatte: den Fußballplatz. In England etwa mussten jüngere Spieler den älteren die Schuhe putzen. Auch in Deutschland war es üblich, dass sich exzellente Jungspieler in der Mannschaft hochdienen mussten, indem sie auf dem Platz den älteren Spielern die Bälle zuspielten. Diese genossen das Privileg, die entscheidenden Spielzüge zu machen und die Tore zu schießen. Bis in die Ära von Berti Vogts hinein war es Brauch, dass sich die Jüngeren auf diese Weise in der Mannschaft nützlich machten.

Diese Übereinkunft entsprach den Zuständen in den meisten Bereichen des Lebens: Die Alten besaßen das Geld, die Expertise und das Herrschaftswissen. Die Jungen richteten sich für eine gewisse Zeit in der Rolle der Lehrlinge ein, die all das erst noch erwerben mussten.

Heute sind die Verhältnisse umgekehrt: Die Jungen sind diejenigen, die in der Gesellschaft das höchste Ansehen genießen. Ein Phänomen, das man auch unter dem Stichwort »Jugendwahn« kennt. Und immer öfter sind die Alten die Lehrlinge, die ohne die Hilfe der Jungen verloren wären.

Das Herrschaftswissen besitzen smarte Jugendliche wie Philipp Riederle. Der Abiturient erklärt Konzernchefs von Firmen wie Aldi, Daimler, BMW und Microsoft, wie die digitale Generation tickt. Mit seiner Firma Phipz Media verdient er vermutlich mehr Geld als manche Führungskraft in der Old Economy.

Überall gibt es inzwischen engagierte jüngere Experten, die Schüler der »Generation Bifokalbrille« bei ihren ersten Schritten in einer ihnen fremden digitalen Welt begleiten. Die Gruppe GamePäd, in der Studenten und Absolventen der Uni Augsburg mitarbeiten, führt Erwachsene in den für sie rätselhaften Kosmos der Computerspiele ein. Dabei kann man dann Szenen wie diese beobachten: Auf einem Workshop von GamePäd versucht ein grauhaariger Lehrling, sein virtuelles Ich durch eine unwirtliche Umgebung zu lotsen. Ein junger Betreuer in einem orangefarbenen Shirt steht hinter dem 60-Jährigen. Dessen Spielfigur wird gerade von einem Feind bedroht. »Wie geht das noch mal mit dem Schießen?«, fragt der Silver Surfer. Aber da ist es schon zu spät: Seine Figur liegt in einer Blutpfütze auf dem Boden. »Jetzt bin ich schon wieder tot«, grummelt der Workshop-Oldie.

Zwei Beispiele, die eines deutlich machen: Das Wissen darüber, wie die Welt funktioniert, ist den Älteren verloren gegangen.

»In den traditionellen, statischen Gesellschaften, die sich nur langsam entwickeln, ist der alte Mensch Träger des kulturellen Erbes der ganzen Gemeinschaft, das er, verglichen mit anderen Mitgliedern, in besonders auffälliger Weise in sich vereint«, schreibt Norberto Bobbio in seinem Essay »De Senectute«. »Der Alte weiß aus Erfahrung, was die anderen noch nicht wissen, und sie müssen von ihm lernen, auf dem Gebiet der Moral ebenso wie auf dem der Gebräuche und der Überlebenstechniken.«

In den entwickelten Gesellschaften dagegen habe der immer stärker beschleunigte Wandel sowohl der Sitten als auch der Künste das Verhältnis zwischen denen, die wissen, und denen, die nicht wissen, umgekehrt: »Der alte Mensch wird immer mehr zu dem, der kein Wissen hat, vergleicht man ihn mit den Jungen, die bereits mehr Wissen haben als er, und nicht zuletzt deshalb mehr wissen können, weil sie über eine größere Lernfähigkeit verfügen.«

Respekt fällt den Älteren nicht – wie noch vor 100 Jahren – automatisch zu. Sie müssen ihn sich verdienen.

Sich darüber Gedanken zu machen, auf welche Weise dies gelingen kann, wird eine unserer größten Herausforderungen sein. Denn schon bald rücken die Angehörigen der übermächtigen Babyboomer-Generation ins höhere Alter vor. An der Uni konkurrierten sie untereinander

Die Eleganz des Geistes

Die New Yorkerin Carmen Dell'Orefice wird als dienstältestes Supermodel gefeiert. Die inzwischen über 80-Jährige steht seit mehr als 60 Jahren vor der Kamera und bekennt sich freimütig dazu, ihre Falten gelegentlich mit Silikon aufspritzen zu lassen. Für Menschen, die gut altern wollen, seien allerdings andere Qualitäten wichtiger als eine glatte Haut: »Man muss aufmerksam sein und nachdenklich. Das Denken ist ein Vergnügen und eine herrliche Form von Freiheit.«

um Sitzplätze. Später, am Arbeitsmarkt, um interessante Jobs. Wie eine Welle schieben sie sich durch die Zeit und lösen dabei verschiedene Phasen und Moden aus. Sie sind eine Wirtschaftsmacht, die allein durch ihre Masse die Gesellschaft prägt.

»Seit Mitte der 80er-Jahre haben die geburtenstarken Jahrgänge in den USA zum Beispiel über ein Drittel der Bevölkerung gestellt«, schreibt der Wirtschaftsprofessor Max Otte, selbst Mitglied in dieser Alterskohorte. »In den 50er-Jahren sorgten sie für einen Boom bei der Babynahrung, in den 80er- und 90er-Jahren für einen Konsumboom.«

Oldies but Goldies: Warum die Middle-Agers die Krone der Schöpfung sind

Jetzt ist es der Job der Babyboomer, den nachfolgenden Generationen vorzumachen, wie man in Würde älter wird. Glaubt man dem Zoologen und Cambridge-Forscher David Bainbridge, dann gibt es keine andere gesellschaftliche Gruppe, die für diese Aufgabe so gut qualifiziert ist wie sie. Bainbridge hat die Middle-Agers untersucht und resümiert: Mehr als alle anderen Altersgruppen hat diese die Menschheit in den Jahrtausenden ihrer Entwicklung am erfolgreichsten vorangebracht.

»Der Grund, warum die Natur für uns Menschen diese Middle-Agers entwickelt hat, liegt darin, dass unsere Gesellschaft so komplex ist«, sagt Bainbridge. »Wir tun komplizierte Dinge, um Ressourcen zu gewinnen. Unsere Welt ist so schwierig, dass unsere Instinkte uns nicht weiterhelfen. Wir müssen viel nachdenken und außergewöhnlich viel lernen. Deshalb dauert es so lange, bis wir erwachsen sind. Und danach dauert es mindestens genauso lange, um uns zu spezialisieren, um richtig gut darin zu werden, was wir tun. Der Erfolg der Menschheit, die gesamte Kultur von Homo sapiens ist auf Information und Komplexität gegründet. Das funktioniert nur, wenn der Mensch ab Mitte 40 nicht mehr damit beschäftigt ist, Kinder zu bekommen – und sich stattdessen darauf konzentrieren kann, richtig gut darin zu werden, was den Menschen ausmacht.«

Körperlich fit und intellektuell auf dem Höhepunkt, machen sich die Middle-Ager bereit, die geistige Führung der Gesellschaft zu übernehmen.

Das Geheimnis geistigen Chics: sich selbst und andere gut aussehen lassen

Was für eine Art von geistiger Führung könnte es sein, die die Middle-Ager ausüben? Dabei geht es sicher nicht darum, seine eigene Grandiosität in die Welt hinauszutrompeten und darauf zu warten, dass sie applaudiert. Besser wäre es, den anderen eine Form von geistigem Chic vorzuleben, der so unwiderstehlich ist, dass jeder ihn kopieren will.

Wie eine solche graziöse Haltung aussehen könnte? Inspiration liefern andere Menschen, aber auch die Literatur. Etwa die Erzählung »Abschied von Montparnasse« des Schriftstellers Ralf Rothmann. Darin beobachtet eine junge Frau einen älteren Mann, der sich im Café an einen Tisch in ihrer Nähe setzt. Er erscheint ihr interessant und kommt ihr bekannt vor, deshalb nimmt sie ihren ganzen Mut zusammen und spricht ihn an: »Entschuldigung? Ich kenne Sie!« Als er die ihm Unbekannte anblickt, fügt sie hinzu: »Aus einem Traum …« Im gleichen Augenblick kommen ihr ihre Worte unendlich peinlich vor. Nach einem kurzen Moment der Irritation antwortet der Mann: »Ja! Ich erinnere mich …« So rettet er sie beide elegant aus einer Situation, in der die Frau sonst wie ein leicht verwirrter Sonderling dagestanden hätte.

»Kröne dich selbst, sonst krönt dich keiner«, empfiehlt die Schriftstellerin Felicitas Hoppe in ihrem Roman über Jeanne d'Arc.

Der Spruch hat Charme. Wer die Kunst beherrscht, sich selbst und andere gut aussehen zu lassen, erweist sich als Geistesaristokrat und wird in allen Lebensaltern viele Freunde gewinnen. Er braucht sich dann nicht einmal zu grämen, wenn er aus dem Middle Age in das Senior Age weiterbefördert wird. Denn sogar das bringt Annehmlichkeiten mit sich, von denen man als junger Mensch gar nichts ahnt: »Jung zu sein, ist in unserem Job ein Desaster«, sagt der 75-jährige englische Dirigent Roger Norrington. »Du hast eine schöne Zeit, aber du wirst nur bedingt ernst genommen.«

Die Strickjacke als geistige Lebensform

In den späten Nullerjahren des neuen Jahrtausends entdeckten sehr junge Trendsetter ihre Vorliebe für ein Accessoire, mit dem ihre Eltern wenig anfangen können: die Strickjacke. Allerdings firmiert sie neuerdings unter der zeitgeist-affinen Bezeichnung Cardigan. »Seltsam, dass die Kinder heute so scharf auf Strickjacken sind«, sagte der irritierte Vater eines Abiturienten. »Ich selbst würde mich nie in so einer Jacke sehen lassen. Denn mir kommen dabei auf ewig Assoziationen wie ›Helmut Kohl‹ und ›Wolfgangsee‹.«

»Und dazu tragen sie diese seltsamen Schlafmützen aus Wolle auf dem Kopf«, amüsierte sich eine Frau aus der Runde. »Das klassische Accessoire des deutschen Michels. Ist Biedermeier jetzt das neue Cool?«

»Was haben wir denn in dem Alter angezogen?«, versucht sich ein weiterer Gesprächspartner zu erinnern. »Kampfjacken, Lederjacken, Cowboystiefel und Armeeparkas«, sagt der Teen-

ager-Vater. »Wir trugen eine Rüstung. Denn unsere Eltern hatten uns erzählt: Zieht euch warm an, das Leben ist hart.«

»Was wäre demnach die Botschaft des Wollmützen-Looks?«, überlegt die Frau. Und gibt sich die Antwort gleich selbst: »Sie lautet: Ich will es wuschelig weich haben. Vermutlich haben wir unsere Kinder zu sehr verwöhnt. Deshalb tragen sie bis ins Erwachsenenalter hinein Babyklamotten.«

Was man von den Jungen über das Leben lernen kann

VOR EIN PAAR JAHREN lud die Kristallfirma Swarovski Journalisten zu einer Veranstaltung namens »Fashion Rocks« ein. Dieser Event, der alle zwei Jahre in einer anderen Metropole stattfindet, ist eine Art glamouröser Betriebsausflug für Weltstars aus den Bereichen Schauspiel, Pop und Mode – vom Topmodel Claudia Schiffer über den exzentrischen Musiker Iggy Pop bis zur Designerin Donatella Versace waren alle da.

Während auf der Bühne verschiedene Entertainer das Publikum unterhielten, lief im Hintergrund auf einer überdimensionalen Videoleinwand ein Film, der die meiste Zeit das gleiche Bild zeigte: Man sah den Innenraum einer Stretchlimousine. Auf deren Rücksitz saß eine junge, unglaublich dicke Frau, die mit amerikanischem Akzent Kommentare zu den unterschiedlichsten Themen abgab.

Nichts an ihr entsprach dem üblichen Bild einer Mainstream-Schönheit: weder die nach landläufigen Maßstäben viel zu üppige Figur, noch die Frisur – eine Art Kinderschnitt mit kurzem Pony. Auch ihr zu fülliges Gesicht und die Art, wie sie sich ihrem Publikum präsentierte, dokumentierten ihren Status als Ausnahmeerscheinung. Sie gab sich keine Mühe, sich den Zuschauern anzubiedern, sondern schien ganz sie selbst und mit sich im Reinen zu sein.

Am Ende der mehrere Stunden dauernden Show trat sie auf die Bühne. Als letzte von vielen Laudatorinnen und Laudatoren verlieh sie den wichtigsten Preis: eine Auszeichnung für den jungen Designer Christopher Kane, der gerade als Ausnahmetalent im Modebusiness entdeckt worden war. Danach wurde das Licht heruntergedimmt, und sie fegte wie ein Kugelblitz über die Bühne, zog mit ihrer Soulstimme alle Anwesenden in ihren Bann. Dabei schüttelte sie ihren Körper, sodass jeder Quadratzentimeter Fett in heftige Vibrationen geriet. Es war die Punksängerin Beth Ditto, damals noch ein Geheimtipp unter Musikkennern, inzwischen mit ihrer Band Gossip weltweit berühmt.

Ich kannte damals nicht mal ihren Namen, aber selten im Leben fühlte ich mich so befreit wie nach diesem Konzert. Dieses Gefühl hatte eine andere Qualität als die übliche Hochstimmung, die einen nach Konzerten und anderen Kunsterlebnissen oft befällt. Irgendetwas war im Lauf des Abends mit meinem Bewusstsein passiert. Als Kind der 60er-Jahre war ich – wie wahrscheinlich viele Angehörige der Nachkriegsgeneration – mit zahlreichen

Konformitäts-Postulaten aufgewachsen. Sie lauteten etwa: »Wenn man dick ist, muss man seine Formen kaschieren«, oder: »Wer sich zu sehr von der Norm abhebt, wird zum Außenseiter.« Der Auftritt Beth Dittos machte mir bewusst, mit was für fragwürdigen Glaubenssätzen man mich bombardiert hatte. Und wie befreiend es ist, sie über Bord zu werfen.

Methusalem, verzweifelt gesucht

Wenn 50 das neue 30 ist, dann müsste 80 folgerichtig das neue 60 sein. Ist da was dran? Wer Janna Schultz, die Geschäftsführerin der in Berlin-Kreuzberg ansässigen Agentur Extras besucht, erhält interessante Argumente zur Bestätigung dieser These. Schultz vermittelt Komparsen für Filmproduktionen. Dabei hat sie folgende Erfahrung gemacht: »Mich interessiert nur das optische Alter, nicht das biologische«, sagt sie. »Wenn eine Produktion einen Opa sucht, dann schlage ich lieber den 80-Jährigen vor, weil ein 60-Jähriger heutzutage nicht mehr dem Bild eines Bilderbuchopas entspricht.«

Frau in Grau: ein Phänotyp ohne Zukunft

Ein in vielen Köpfen verankertes Konzept in Bezug auf das Älterwerden ist etwa das folgende: »Sich auffällig zurechtzumachen ist ein Privileg der Jugend. Wer Stil hat, nimmt sich mit zunehmendem Alter auch optisch zurück.« Wozu diese Haltung in letzter Konsequenz führt, hat der Journalist Henning Sußebach in seinem in der *Zeit* veröffentlichten Artikel »Modell Pudel – Frau in Grau« glasklar beschrieben: »Hierzulande scheinen fast alle Frauen ab 60 die gleiche Frisur zu haben. Man kennt das ja. Autobahnraststätte Garbsen bei Hannover. Ein Reisebus rollt an. Der Fahrer öffnet die Tür, und heraus steigen ältere Damen, die sich ähneln wie eine Rentnerin der anderen.«

Schuld an diesem Eindruck, so Sußebach, sei vor allem ein bestimmter Typ von Frisur, der das Satiremagazin *Titanic* den Namen »Silberzwiebel« gab: ein grauer, dauergewellter Einheitsschnitt, bei dem sich das Haar wie ein Bausch Zuckerwatte um den Kopf legt. »Wie konnte es so weit kommen?«, fragt Sußebach. »In diesem freiheitlich und individuell geprägten Land, in dem mancher sein ganzes postpubertäres Leben in dem Wahn verbringt, sich in der hipperen Jeans zu zeigen, ein teureres Auto zu fahren als der Nachbar, hier also ziehen sich ganze Generationskohorten bei Überschreiten einer unsichtbaren Alterslinie zurück in Gleichheit und Verwechselbarkeit.«

Der von Sußebach befragte Frisurenforscher Christian Janecke, ehemaliger Inhaber der Wella Stiftungsdozentur für Mode und Ästhetik an der TH Darmstadt, hat dazu eine interessante These entwickelt: Der typisch deutsche Angleichungswahn bis hin zu den heutigen Großmutterfrisuren habe seinen Ursprung in der Abscheu gegenüber dem verschwenderischen Adel, den gepuderten Fürsten mit ihren Plateauschuhen und Perücken. In protestantischen und calvinistischen Milieus kam die Vorstellung auf, dass Mode nur eine Sünde der Jugend und der Frau sein darf. Mit dem Alter sollte die Frau sich sittsam zurücknehmen. Das tue sie mit dieser Frisur.

»Das Äußere ist für uns immer noch behaftet mit Vorstellungen von etwas Niedrigem.« So erklärt auch der Attraktivitätsforscher Ulrich Renz die verdruckste Einstellung zum eigenen Körper, die man in manchen gesellschaftlichen Gruppen immer noch beobachten kann. »Das sind Reste von christlichen Mentalitätsmustern. Der Körper ist nichts wert, das Äußerliche verstellt den Weg zum Heil. Und natürlich sagt fast jeder: Für mich zählen nur innere Werte.«

Wer seine äußeren Werte sichtbar machen und seine Persönlichkeit zum Strahlen bringen will, muss die Konformistin in sich zum Schweigen bringen und die Rebellin herauslassen. Das war die befreiende Erkenntnis, die mir nach dem Auftritt Beth Dittos dämmerte. Eine Weisheit, die Jüngere längst für sich entdeckt haben. In einem Interview mit *Elle* berichtete etwa die 1968 geborene Schauspielerin Naomi Watts über die Demütigungen, die sie in Hollywood erlitten hatte, bevor für sie mit 30 der Durchbruch kam. »Ein Großteil meines Lebens bestand aus Ab

Verkehrte Welt

*Auf dem 50. Geburtstag eines Freundes komme
ich am Buffet mit einer gleichaltrigen Bekannten
ins Gespräch. Ich trage zur Bluse eine Röhren-
jeans im Destroyed-Look mit ein paar deutlich
sichtbaren, wenn auch unterfütterten Löchern. Eine
Neuerwerbung von GAP aus New York. Nach
einem kurzen Gespräch stellt sich der 15-jährige
Sohn der Bekannten zu uns. Ein netter Junge mit
perfekt sitzendem Business-Anzug und exakt
gescheitelter Frisur. Augenblicklich erfasst mich
ein Unbehagen, gepaart mit einem Hauch von
Scham. Der Knabe beurteilt meine Kleidung
weder mit Worten noch mit Blicken. Trotzdem
habe ich das Gefühl, seine Eleganz ist ein subtiler
Kommentar zu meinem Lässig-Look, der aus seiner
Sicht für eine Frau im Alter seiner Mutter deplat-
ziert ist.*

lehnung durch Agenten, Produzenten, Regisseure: Du bist
zu groß, zu klein, zu blond, zu dunkelhaarig. Und das
sind noch die netten Kommentare. Die Castingleute erzählen dir auch, du seist zu neurotisch, nicht lustig oder
nicht sexy genug. Ich wollte es allen recht machen und
habe mich selbst dabei verloren. Ich konnte meine per-

sönlichen Qualitäten gar nicht präsentieren, weil ich immer versuchte, eine andere zu sein.«

Worum es aber im Leben geht – das hat man nach einer ausgedehnten Phase der Anbiederung an Peer Groups der unterschiedlichsten Art spätestens ab 40 verstanden –, ist Folgendes: Es geht darum, die bestmögliche Ausgabe seiner selbst zu werden. Dabei werden wir feststellen, dass gerade die Unzulänglichkeiten, mit denen wir im Leben oft gehadert haben, Ressourcen sind, die uns helfen, Profil und Konturen zu gewinnen.

Der Stoff, aus dem die Starqualitäten sind: Wie Niederlagen uns helfen, unser Profil zu schärfen

In seinem Buch »Wie man einen verdammt guten Roman schreibt« definierte der Autor James N. Frey vor mehr als 20 Jahren Techniken, mit denen man als Autor interessante literarische Figuren kreiert.

Erstens: Die Handlung jeder Geschichte wird dadurch spannend, dass die Figur möglichst viele Hindernisse überwinden muss.

Zweitens: Ein guter Autor erfüllt niemals alle Erwartungen, die der Leser an seine Hauptfigur hat. Dunkle Seiten, ungelöste Konflikte und überraschende Facetten machen die Figur lebendig und lebensnah.

Drittens: Je mehr emotionale Hochs und Tiefs die Hauptfigur durchlitten hat, desto mehr wird der Leser von ihr fasziniert sein.

Alle diese Kriterien lassen sich problemlos auch auf unsere eigene Lebensgeschichte übertragen. Hadern wir also nicht mit den Widersprüchen unseres Charakters und den Ärgernissen oder den Antagonisten, die das Leben uns in den Weg gewürfelt hat. Sie sind das Material, das uns hilft, unser Profil zu schärfen. Die Überwindung dieser Widerstände macht uns für andere interessant und unverwechselbar.

Nach dem größten Hindernis, das uns mit 40 plus das Leben kompliziert, müssen wir nicht lange suchen: Es handelt sich um das Alter und die negativen Begleiterscheinungen, die es mit sich bringt. Zum Beispiel die Erfahrung, dass man nicht mehr so intensiv wahrgenommen wird wie in jenen Jahren, als man noch jung und knackig war. Muss man an dieser Tatsache verzweifeln? Im Gegenteil: Auch dieses Hindernis überwindet man mit der richtigen Strategie.

Die 89-jährige Stilikone Iris Apfel gibt uns ein gutes Beispiel: Die schlanke Dame mit der überdimensionalen schwarzen Brille trägt bevorzugt hüfthohe pinkfarbene Stiefel, einen Mantel aus vergoldeten Federn und ähnlich auffällige Kleidungsstücke. Der Effekt: Wenn sie aus dem Haus geht, übersieht sie kein Mensch. Dank ihres eigenwilligen Stils wurde sie zum Darling der New Yorker Society. Das Metropolitan Museum widmete ihrer Mode sogar eine eigene Ausstellung.

Die Geschichte von Alissa, einer Studienfreundin, zeigt, dass selbst Schicksalswendungen, von denen wir glauben, dass sie unser Leben in die falsche Richtung gesteuert haben, eine zweite, positive Seite haben. Das Gefühl, an einem fundamentalen Mangel zu leiden, generiert nämlich oft große Energien, mit denen wir uns einen kongenialen Ersatz oder Ausgleich für Entbehrungen und Defizite schaffen.

So war es auch bei Alissa: Sie hatte sich als junge Frau immer eine Zukunft mit Ehemann und Kindern ausgemalt. Mit Ende 40 war sie immer noch Single, und gelegentlich leidet sie heftig darunter, dass dieser große Lebenstraum gescheitert ist. Ihren 50. Geburtstag feierte sie mit einer Party für 100 Gäste – viele langjährige Wegbegleiter und auch ein paar inspirierende neue Bekannte, für die sie, wie an diesem Abend deutlich wurde, Fixstern, unentbehrliche Ratgeberin sowie heißgeliebte Wärmequelle war. Sie hatte zwar keine klassische Familie, war aber das Zentrum eines riesigen Freundeskreises – Spiegel der Grandezza ihrer Persönlichkeit.

Das Glücksrezept der Beth Ditto:
Den Makel zum Markenzeichen machen

Beth Ditto wiederum macht vor, wie man als übergewichtiges Mädchen aus der Provinz die Erwartungen seiner Umwelt lässig konterkariert. Anstatt schicksalsergeben an der Seite eines ebenfalls übergewichtigen Partners ein unspektakuläres Leben zu führen, wagte sie sich auf die Bühne, machte ihren vermeintlichen Makel zum Markenzeichen. Millionen Fans lieben sie dafür.

»Sie haben die Highschool überlebt. Wie?«, fragte die Journalistin Rebecca Casati sie in einem Interview der *Süddeutschen Zeitung*. Darauf Ditto: »Der erste Teil der Lösung war die Erkenntnis: Ich werde niemals so cool wie die anderen sein. Also fing ich an, mich für Sachen ins Zeug zu legen, die andere albern fanden. Ich betreute das Jahrbuch. Ich ging in den Chor. Die Nerd-Kultur der 90er-Jahre war die Wahnsinnschance, die sich unerwartet auftat. Dank solcher Subkulturen konnten ich und die ganzen anderen Trottel die Attitüde adaptieren: ›Ja, wir sind Trottel – und wir sind stolz darauf, denn trottelig ist das neue Cool.‹«

Die Magie zweier unterschätzter Anti-Aging-Waffen: Humor und (Selbst-)Ironie

Am NEBENTISCH IN EINEM urigen Gasthof im Allgäu sitzt eine Gruppe von um die 70-Jährigen. Grauhaarige Männer und Frauen mit interessanten Gesichtern und der Aura von Edel-Bohemiens. Ihre Gespräche drehen sich um ein vieldiskutiertes Bauprojekt in Berlin. Vielleicht handelt es sich um die Chefs eines mittelständischen Architekturbüros, die sich in Begleitung ihrer Frauen zu einem Wanderwochenende getroffen haben. Vielleicht sind es auch Freunde mit ganz unterschiedlichen Berufen, die sich noch aus der Studienzeit kennen.

Einer der Männer erzählt, er habe gerade ein Schreiben von seiner Gemeinde erhalten. »Sie bitten uns zum Seniorennachmittag mit Kaffee und Kuchen«, ergänzt seine Frau. Die restlichen Mitglieder der Gruppe lächeln und nicken. Eine der Frauen berichtet von einer ähnlichen Erfahrung: »Mein Mann ist vor Kurzem zum Rosenkranzgebet eingeladen worden.« Aus Richtung des Tisches ist jetzt ein amüsiertes Brummen zu hören. »Bisher hatte er allerdings noch keine Zeit, sich dort einzufinden«, fährt die Frau fort. »Er organisiert ja selbst Altennachmittage in unserem Rotary-Club.«

Die Truppe macht sich lustig über die gut gemeinten Angebote, die zu diesen intellektuellen und aktiven Senioren jedoch genauso wenig passen wie die Schnabeltasse in den Geschirrschrank eines Gourmetrestaurants. Die Beispiele zeigen aber auch sehr deutlich, welche Altersstereotype über die 70-Jährigen in Umlauf sind und wie man ihnen auf elegante Weise begegnen kann: mit Humor und Ironie.

Das Robert-Redford-Syndrom

Wenn man an einem flirtversprechenden Frühlingsabend gut angezogen in einer Bar sitzt und feststellen muss, dass einen keiner der anwesenden Männer registriert – gibt es in derlei Situationen einen schnell wirkenden Trost? Ja, es gibt ihn: Selbst weltweit anerkannten Sex-Symbolen ergeht es in ähnlichen Momenten nicht anders. »Früher fielen die Frauen bei meinem Anblick fast in Ohnmacht«, stellte der älter werdende Robert Redford fest. »Heute sagen sie: Ach, den gibt es noch?«

Warum Engländer eine gute Party
noch besser machen

Manche Menschen tun sich schwer mit den beiden verwandten Geisteshaltungen Humor und Ironie, die uns selbst in aussichtslosen Situationen das Leben erleichtern können. Andere wiederum pflegen sie so selbstverständlich, als wären sie ihnen mit der Muttermilch verabreicht worden. Zu ihnen zählt etwa der Dichter Oscar Wilde, von dem folgende Anekdote überliefert ist: Der Autor hatte sich am Ende seines Lebens in einem armseligen Zimmer in Paris einquartiert. Er hauste dort unter falschem Namen, und an jenem Tag ging es ihm so schlecht, dass klar war, er würde ihn kaum überleben. Seinen Tod vor Augen, erhob sich dieser Dandy und Ästhet, dem Stil und Äußerlichkeiten immer so viel bedeutet hatten, über die Situation, indem er seufzend sagte: »Entweder verschwindet jetzt diese hässliche Tapete – oder ich.«

Oscar Wilde ist zwar gebürtiger Ire, lebte aber jahrzehntelang in London und gilt als typischer Vertreter des britischen Humors. Die Amerikanerin Diana Vreeland berichtet in ihrer Autobiografie »Allure«, dass sie bei ihren geselligen Abenden darauf achtete, immer auch einige Engländer unter die Gäste zu mischen. Denn kaum seien einige dieser Stimmungsaufheller in einem Raum versammelt, so hat Vreeland beobachtet, stelle sich dort automatisch eine heitere und unaufgeregte Atmosphäre ein.

Diese Haltung der Leichtigkeit bewahren sich die Engländer sogar in lebensgefährlichen Situationen. Es gab mal einen BBC-Reporter, der für seinen Sender in einem Krisengebiet im Einsatz war. Als neben ihm eine Bombe explodierte, sagte er nur: »Oh, ich hoffe, Sie hören mich noch, das war etwas laut hier gerade.«

Die Deutschen gelten als weniger begabt in der Kunst der ironischen Plauderei. Dabei sind Humor und Ironie bewährte Werkzeuge, die im Koffer jedes an Lebenskunst Interessierten nicht fehlen sollten – gerade in der Lebensmitte, wenn die weniger lustigen Ereignisse sich häufen.

Kürzlich zeigte die Hollywoodschauspielerin Sigourney Weaver in einem Interview mit der Zeitung *Welt Kompakt*, wie virtuos sie den Umgang damit beherrscht. Auf die Frage, ob sie sich vorstellen könnte, noch ein fünftes Mal in einem Alien-Film mitzuspielen, antwortete Weaver, dass das für sie auf keinen Fall infrage komme. »Inzwischen müsste ich die Aliens mit dem Krückstock verprügeln.«

Ironie ist wie der Zoom einer Kamera: Sie schafft Distanz

Wer so entspannt mit seiner eigenen Legende umgeht wie die Schauspielerin, zeigt den anderen, dass Humor und Ironie zwei wunderbare Anti-Aging-Waffen sind. Aber wie genau funktionieren sie eigentlich – und was genau ist das Geheimnis ihrer Wirksamkeit?

Ganz einfach: Wer sie zu gebrauchen weiß, verhält sich im Prinzip wie ein Hobbyfotograf, der bei einer Safari seine Kamera auf eine Landschaft mit Nashorn richtet. Je näher er das Nashorn zu sich heranzoomt, desto beängstigender erscheint das Tier mit dem beeindruckend aufgerissenen Maul. Fokussiert der Fotograf dagegen die Landschaft im Hintergrund, bildet das Nashorn nur ein Detail des Gesamtbildes. Ein Schwergewicht, vor dem sich niemand fürchten muss.

Die Ironie ist wie der Zoom der Kamera – sie schafft Distanz. »Mit dem Blick von außen relativieren sich die engen, unbeweglichen Verhältnisse, über die der Ernst des Faktischen tyrannisch herrscht«, resümiert der Philosoph Wilhelm Schmid. Durch diese Linse betrachtet, erscheint uns die Tatsache, dass wir alle älter werden, wie das Nashorn in der Savanne: eine Erscheinung, die zum Leben einfach dazugehört.

Wer das Älterwerden aus dieser Perspektive betrachtet, findet überall Anlass zur Heiterkeit. Eine hübsche Kostprobe gab der Entertainer Thomas Gottschalk, der in einem Interview mit dem Magazin *stern* betonte, wie wichtig ihm ein harmonisches Familienleben sei: »Ich könnte nicht fröhlich vor irgendeiner Kamera stehen, während meine Frau ein Verhältnis mit dem Tennislehrer hat. Gott sei Dank sind wir aus dem Alter raus. So alte Tennislehrer gibt es gar nicht.«

Die Ironie ist ein süßes Gift, von dem man – hat man es einmal genossen – gerne mehr haben will. Sie verkleidet die Worte, verkehrt ihren Sinn ins Gegenteil, trägt ein Lächeln im Gesicht, plaudert mit Entzücken und sprüht vor Witz. Allerdings hat sie auch eine Kehrseite, vor der hier gewarnt werden soll: Wer alles ironisiert, entzieht sich wie ein renitenter Aal dem Zugriff der Anderen. »Das kann zur Folge haben, keine seriöse Rede mehr zu führen, eine Haltung ohne Halt einzunehmen, nichts zu affirmieren, sodass sich alles auflöst«, warnt Wilhelm Schmid. Eine Haltung, die echte Kommunikation verhindert und Andere ratlos macht.

Die Ironie zu gebrauchen, erfordert also Training und ein gewisses Maß an Klugheit. Sonst riskiert man, dass sich ihr Effekt ins Gegenteil verkehrt.

In diese Falle tappte ein reifer Herr, der seine sehr junge Begleitung in eine Münchner Bar ausgeführt hatte. »Wir Oldies trinken am liebsten Whiskey, der genauso alt ist wie wir«, erklärte er der Frau, von der er offenbar als Mann von Welt und Genießer wahrgenommen werden wollte. Im weiteren Verlauf des Abends wies er noch mehrmals penetrant darauf hin, dass er sich als »Oldie« sah. Offensichtlich wartete er darauf, dass sie ihm mit einer Bemerkung folgenden Inhalts schmeichelte: »Aber nein, lieber Freund, ein attraktiver Mann wie du ist alterslos.«

Auf ein solches Kompliment wartete er den Rest des Abends vergeblich – hatte er seine junge Begleiterin durch seine unausgesetzte, pseudo-lustige Selbststilisierung als »Oldie« doch erst recht auf die schätzungsweise 30 Jahre, die ihn von ihr trennten, aufmerksam gemacht. Wer Ironie so plump einsetzt, darf sich nicht wundern, wenn das süße Gift sein toxisches Potenzial offenbart – und ihn ins Abseits manövriert.

Der Granny-Appeal

In einem Land, in dem sich alle Schauspielerinnen ab 30 liften lassen, verfügt man als naturbelassene Frau über ein Alleinstellungsmerkmal, das man auf dem Markt teuer verkaufen kann – das hat Geraldine Chaplin herausgefunden. »Wenn ich keine Jobs mehr bekäme, würde ich alles liften, meine Knie, meinen Hals, alles, sofort. Aber ironischerweise sind meine Falten mein Kapital. Zum Beispiel, wenn Regisseure von Kostümfilmen nach ungelifteten Großmüttern suchen.«

Der größte Feind der Bella Figura sind nicht die Falten – es ist die Selbstgerechtigkeit

ZUM 30. TODESTAG des Regisseurs Rainer Werner Fassbinder zeigte ein Programmkino eine Retrospektive seines Werks, darunter auch »Martha«, ein Melodram aus dem Jahr 1974, in dem es um Macht und Unterdrückung geht. Ich genoss das Wiedersehen mit der Schauspielerin Margit Carstensen, entdeckte ganz neue Seiten an ihrem Filmpartner Karlheinz Böhm, den ich bisher nur aus dem Opus »Sissi« kannte. Durcheinandergerüttelt von allerlei gemischten Gefühlen, verließ ich am Ende der Vorstellung den Saal und traf schließlich im Foyer einen Bekannten. »Ganz schön beklemmend, der Film, was?«, mit diesen Worten begrüßte ich ihn. An seiner Reaktion merkte ich jedoch sofort: Das war kein guter Gesprächsanfang.

Der Bekannte nämlich konnte »diese Bemerkung nicht einfach so stehen lassen«, wie er sich ausdrückte. Es folgte eine Abhandlung über die filmische Entwicklungsgeschichte des Regisseurs, der in diesem Film einen berühmten amerikanischen Kollegen zitiere, von dem ich noch kein einziges Werk gesehen hatte. Beim Wein an der Bar des benachbarten Lokals erfuhr ich dann noch etwas über die transzendente Mystik der Filmmusik, deren tiefe Symbolik ich erst begreifen müsse, bevor ich in der Lage sei, den Film richtig zu genießen.

Was ich an diesem Abend tatsächlich begriff, war vor allem eins: Der Kollege ist Pächter des guten Geschmacks, intimer Kenner der Materie, in allen Belangen gesegnet mit Unfehlbarkeit. Hier sprach ein Hohepriester ex cathedra, ein über jeden Zweifel erhabener Inhaber der einzig gültigen Wahrheit.

Ein Accessoire mit Mehrwert

»Laut einer Umfrage wären 65 Prozent der deutschen Frauen bereit, 10 IQ-Punkte abzugeben, um einen Schönheitsmakel auszugleichen. Stehen die Dinge in England besser?«, fragte das SZ-Magazin Vivienne Westwood. Die Designerin antwortete in der für sie typischen Radikalität: »Dieses Gewese um Schönheit wird immer unerträglicher. Die Menschen sollten sich mehr anstrengen, weniger dumm zu sein, denn das würde sie am besten kleiden. Das empfehlenswerteste Accessoire ist ein Buch.«

Ein Typus, der mir in der letzten Zeit immer öfter begegnet. Er ist unter jüngeren Menschen selten, in der Generation 40 plus leider sehr häufig anzutreffen. Tobias Kniebe, Journalist bei der *Süddeutschen Zeitung*, hat ihn am Beispiel des Schauspielers Armin Mueller-Stahl analysiert und das Phänomen auf einen treffenden Begriff gebracht: Großmime. Kniebe beobachtete, dass erfolgsverwöhnte Schauspieler, von der eigenen Eitelkeit berauscht, im Film, aber auch im Leben plötzlich beginnen, »eine Starfresse« aufzuziehen (so nennt es der Regisseur Christian Petzold). »Das Virus des Großmimentums befällt Schauspieler, die durch Preise, Lob und meist sogar berechtigte Verehrung über den Status eines bloßen Gesichtsverleihers hinausgewachsen sind«, schreibt Kniebe. »Hin zu einer Aura, einem Geheimnis – und einem Wunsch, sie mögen uns, die wir im Dunkeln vor ihrer Kunst sitzen, auch Erkenntnis stiften.« Für Schauspieler sei dieser Virus hochgefährlich. »Es führt dazu, dass sie sich selbst irgendwann bedeutsamer finden als ihre Arbeit. Er zerstört ihre Kunst, und in Interviews reden sie dann, wie benebelt, plötzlich bombastischen Unsinn.«

Gut gemeint und doch daneben

»Es ist ja nur zu deinem Besten«, behaupten die Kinder, wenn sie mal wieder die Zigarettenpackung der Mutter verstecken, weil sie ihrer Erziehungsberechtigten das Rauchen abgewöhnen wollen. Das ist gut gemeint, aber trotzdem übergriffig. Mit dieser Form der Bevormundung, die aus bester Absicht ein wenig über das Ziel hinausschießt, bekommen wir es jetzt häufiger zu tun. Auch unser eigener Körper trickst uns auf diese fiese Weise aus. In mittleren Jahren lagert er das Fett nämlich nicht mehr gleichmäßig an Armen, Beinen, Hintern und Hüften ab – sondern ausschließlich am Bauch. Selbst ehemals schlanke Menschen tragen nun die Figur umspielende Tunikas, um den sich darunter wölbenden Wampenansatz zu verstecken. »Warum spielt uns der Körper diesen hinterhältigen Streich?«, fragte ich einen Allgemeinmediziner. »Das tut er, weil er uns schützen will«, antwortete der Arzt. »Weil ältere Menschen öfter krank sind als jüngere, legt unser weiser und vorausschauender Organismus in den mittleren Jahren ein Fettdepot an. Davon können wir zehren, wenn eine Grippe uns umwirft.« Lernen wir also, unseren Bauch zu lieben! Denn aus Sicht unseres Körpers ist er kein Schönheitsmakel, sondern eine Überlebensversicherung.

Die Tragödie des Großmimen: Wer sich selbst zu wichtig nimmt, wird zur Witzfigur

Das Großmimentum wütet nicht nur auf Bühnen und in Filmstudios. Man findet es überall dort, wo – im Laufe einer längeren Karriere, manchmal auch nur im Laufe eines längeren Lebens – die Eitelkeit der Betroffenen kontinuierlich zugenommen hat, während ihre Fähigkeit zur Selbstkritik schrumpfte. So wie unsere Augen ab 40 die Fähigkeit verlieren, kleine Buchstaben zu fokussieren, verzerrt sich offenbar, wenn wir nicht aufpassen, auch unsere Perspektive auf die Welt. Die Fehler der anderen erscheinen uns plötzlich im Cinemascope-Format, während wir unsere eigenen Schwächen, wenn überhaupt, nur sehr verschwommen wahrnehmen.

Das Großmimentum kommt in der Regel in drei Varianten vor, die an charakteristischen Litaneien erkennbar sind. Diese Litaneien werden von den Großmimen in diversen Varianten gern und häufig wiederholt.

Litanei Nummer eins: »Wir hatten es früher viel schwerer. Ihr ahnt gar nicht, wie gut ihr es heute habt.«

Mit diesem Aspekt des Großmimentums beschäftigt sich eine amüsante Kabarett-Miniatur der britischen Komikertruppe Monty Python, die 1979 mit dem Filmhit »Das Leben des Brian« internationalen Ruhm erlangte. »Four Yorkshiremen« heißt der Sketch. Vier Männer sitzen beim Wein zusammen und erinnern sich an ihre Kindheit. Sie räsonieren darüber, wie arm sie damals waren und in welchen beengten Verhältnissen sie leben mussten. »Wir wohnten mit 26 Personen in einem Zimmer ohne Möbel. Der halbe Fußboden war verfault«, sagt der eine. »Ihr hattet Glück, in einem Zimmer zu wohnen«, platzt der zweite heraus. »Wir hausten in einem Korridor!« Das Gespräch geht eine Weile so weiter, wobei jeder versucht, den anderen mit den Schilderungen des eigenen Elends zu übertrumpfen. Schließlich steuert der Dialog auf einen ersten Höhepunkt zu. »Wir waren 150 Leute und lebten in einer Schuhschachtel, und zwar mitten auf der Autobahn! Jeden Morgen um 6 standen wir auf und leckten die Straße sauber. Unsere tägliche Abendmahlzeit? Eine halbe Hand voll Schotter – ohne Brot!«

»War die Schuhschachtel aus Pappe?«, erkundigt sich ein anderer. Die Antwort: »Ja.« –»Ihr Glückspilze!«

Der Sketch karikiert eine Marotte vieler nicht mehr ganz junger Menschen: Sie dramatisieren ihre in der Vergangenheit erlittenen Entbehrungen und übertreiben maßlos, um sich den Respekt ihrer Zuhörer zu sichern. So wird die eigene Biografie zu einem Heldenmythos verklärt. Besonders anfällig für diese Variante des Großmimentums sind die Angehörigen der Kriegsgeneration. Aber auch die Generation der Babyboomer schmiedet bereits an einer eigenen Märtyrerlegende, dem Rohstoff für spätere Großmimenauftritte: »Wir mussten, wo immer wir hinkamen, mit Tausenden von Altersgenossen um Jobs und Privilegien konkurrieren.« Und in ein paar Jahrzehnten wird die Generation Praktikum dagegenhalten:

»Wir hatten keine Chance, denn wo immer wir auftauchten, hieltet ihr Babyboomer schon die besten Plätze besetzt.«

Diese Form der Geschichtsklitterung ist nicht Ihr Stil? Möglicherweise erscheint Ihnen die zweite Litanei verführerischer. Sie lautet: »Ich bin der/die Größte – Ihr seid Idioten.« Einen Großmimen dieses Typs verkörpert die Figur des Boris Yellnikoff in Woody Allens Film »Whatever Works – Liebe sich wer kann«.

Gleich in einer der ersten Szenen bewegt sich der ehemalige Physikprofessor auf die Zuschauer zu und schimpft: »Ich bin ein Mann von gewaltigem Weitblick – doch ich bin umgeben von Mikroben.« Das bevorzugte Feindbild dieses Typus sind stets solche Menschen, die einen anderen Lebensentwurf gewählt haben als er selbst – und dabei (was für eine Unverschämtheit!) vielleicht sogar glücklich geworden sind. Ist er FDP-Politiker, wird er Bohemiens und Hartz-IV-Empfänger hassen. Ist er Künstler, fühlt er sich verkannt. Ist er Familienvater, ist er seit dem zweiten Kind nicht mehr gut auf seinen alten Freund zu sprechen. »Der Tom ist doch jetzt auch schon 40«, beschwert er sich bei einer Geburtstagsfeier über seinen langjährigen Weggefährten. »Aber immer noch weigert er sich beharrlich, mit seiner Freundin Ines zusammenzuziehen. Wie lange will er noch wie ein Single leben? Ich finde, es wird Zeit, dass er Verantwortung übernimmt. Dass er sich zu Ines bekennt und eine Familie gründet.« Nur weil der junge Vater seine Nächte damit verbringt, in den Tiefen des Kinderbettes nach dem verlorenen Schnuller der kleinen Tochter zu tauchen, hält er seine Lebensform für das einzig wahre und richtige Modell.

Das Großmimen-Virus befällt natürlich auch Frauen. Aber Männer scheinen für dieses Phänomen deutlich anfälliger zu sein. Unablässig versucht der Großmime, Andersdenkende und Andershandelnde zu missionieren – mit dem Eifer und dem Sendungsbewusstsein eines Taliban. Stoff für Wut und Ressentiments ist jedenfalls eine Menge im Umlauf. Denn gibt es nicht im Leben jedes Über-40-Jährigen Momente, in denen sich der Eindruck aufdrängt, das Leben sei uns etwas schuldig geblieben? Die Kinder sind undankbar, wissen nicht zu schätzen, was man für sie tut. Der Mann, mit dem man lebt, hat verhindert, dass man im Ausland eine große Karriere starten konnte. Aus dieser Verbitterung heraus entsteht Hass auf alles, was anders scheint. Schlanke hassen Dicke, Muslime Ungläubige, Häuslebauer verachten Mieter, Nichtraucher blasen zur Hatz auf Raucher, Vegetarier betrachten Fleischesser als Menschen zweiter Klasse.

Ein Blick unter die eigene Hasskappe kann uns dabei manche interessante Erkenntnis über uns selbst bescheren. Warum reagieren wir so aggressiv auf den Nachbarn, der an Sommernachmittagen seine Fenster öffnet und den Hof mit lauter Musik beschallt? Sind wir möglicherweise deshalb so empört, weil er sich Freiheiten herausnimmt, die wir uns selbst – geprägt durch eine repressive Erziehung – verbieten? Oft ist unser größter Feind unser bester Coach: Er zeigt uns, wo in unserem

Seelenhaushalt etwas im Argen liegt, konfrontiert uns – wenn wir offen dafür sind – mit unbequemen Fragen: Kann es sein, dass wir unsere eigene Lebendigkeit unterdrücken, um bei anderen nicht anzuecken? Und wenn das so ist: Warum nehmen wir andere wichtiger als uns selbst? Erkenntnis kann der erste Schritt auf dem Weg zur Erlösung sein.

Der dritte Litanei-Klassiker im Repertoire des Großmimen war vermutlich schon unter jüngeren und älteren Neandertalern ein Hit: »Die Jugend ist auch nicht mehr das, was sie mal war.« Diese Großmimenklage zieht sich durch die Jahrhunderte und wird immer mal wieder in einer neuen Tonart angestimmt. Zum Beispiel vor ein paar Jahren im Fußball: Da wurde der Vorwurf laut, es gebe in den bekannteren Mannschaften keine Leader, keine Führungsspieler, keine Leitwölfe mehr. Begriffe, bei denen die Wortführer Männer wie Stefan Effenberg und Lothar Matthäus vor Augen hatten. Allerdings: Bei den Bayern spielten zu diesem Zeitpunkt Lahm und Klose, Gomez und Müller. Sensible Männer, deren geistiger Horizont über das Grün des Rasens hinausreicht. Sie repräsentieren eine neue Generation von Profis, die Sportreportern kluge Sätze ins Mikrofon sprechen und nicht – wie die klassischen Leitwölfe Matthäus und Effenberg – mit peinlichen Statements und neureichen Auftritten Anlass zum Fremdschämen geben. Als Leitwölfe waren die beiden perfekt. Nur stellt sich die Frage, ob nicht jede Zeit einen neuen Typ Leitwolf braucht.

Das Mantra »Die Jüngeren machen alles schlechter, was man selbst früher gut gemacht hat« erklingt auch in anderen Bereichen des öffentlichen Lebens. Botho Strauß etwa, ein Leitwolf des Theaters und Mitglied der 68er-Generation, ging vor einiger Zeit auf die zeitgenössischen Regisseure los. »Wir waren die Hochperiode«, verkündete Strauß und warf jüngeren Nachfolgern wie dem Regisseur Thomas Ostermeier vor, ihre Schauspieler nicht genügend zu betreuen und zu wenig Wert auf deren Entwicklung zu legen. Jens Jessen, Feuilletonchef der Wochenzeitung *Die Zeit*, beschimpfte in seiner Polemik »Die traurigen Streber« die Studentengeneration der Nullerjahre als »neue Biedermeier«. Sie hätten – anders als seine Generation – keine Ideale mehr. Das Einzige, was sie interessiere, seien Geld und Sicherheit. Und Ulrich Wickert, der letzte berühmte »Tagesthemen«-Moderator, kritisierte in einem *F.A.Z.*-Artikel die (jungen) Kollegen von »Tagesschau« und »heute«, »Tagesthemen« und »heutejournal«, indem er ihnen Sprachschludrigkeiten, sensationalistische Nachrichtenselektion und mangelndes journalistisches Bewusstsein vorwarf.

Große Eitelkeit kann zur Falle werden.
Ein Gesetz, das nicht nur im Dschungel gilt

Wie kommt es, dass es uns ab einem gewissen Alter schwerer zu fallen scheint, die Leistungen Jüngerer zu würdigen, ihre Motive zu verstehen? Ist vielleicht auch ein bisschen gekränkte Eitelkeit im Spiel, weil – gemäß den universellen Gesetzen des Lebens – allem Jungen und Neuen mehr Aufmerksamkeit zuteilwird als dem Alten, Bekannten?

Die größte Gefahr, die den alten Leitwölfen droht, geht übrigens gar nicht von den Jüngeren aus: Es sind die Leitwölfe selbst, die sich ins soziale Abseits katapultieren. Die Alphatiere unter den Rhesusaffen sind – einer neuen Studie zufolge – derart mit ihrer Anführerrolle beschäftigt, dass sie gar nicht merken, wie ihnen die Weibchen fremdgehen.

Ist man zu intensiv damit beschäftigt, seinen Status zu verteidigen und sich in Selbstherrlichkeit zu sonnen, wird man blind für die Wirklichkeit. Und früher oder später zum Opfer der Spottlust seiner Mitmenschen. Das ist in Villen und Büroetagen nicht anders als im Dschungel. Das Großmimenvirus kann selbst Weltkonzerne ins Strudeln bringen: Jahrzehntelang setzte Sony mit seinen Erfindungen Maßstäbe – vom Transistorradio bis zur CD. Inzwischen ist das Unternehmen in der Bedeutungslosigkeit versunken. Die Lehre aus einem solchen Debakel: Wer sich seiner Stärke allzu gewiss ist, der hat keinen Blick für denjenigen, der neben ihm aufsteigt: zunächst zwar winzig, aber mutig, voller Tatendrang und vielleicht sogar mit einer ganz neuen Idee.

Wer sich also häufiger bei einer oder mehreren der drei Litaneien ertappt, sollte auf der Hut sein: Das Großmimenvirus ist im Anflug.

Zum Glück gibt es zwei Mittel, die uns dagegen immunisieren: Selbstironie und Selbstdistanz. Eine Tugend, die der Maler Daniel Richter vor einiger Zeit öffentlich vorführte. Richter hatte sich mit folgenden Worten über einen Kollegen mokiert: »Die Gegenwartskunst ist mir im Großen und Ganzen unangenehm.« Nach diesem Ausbruch brachte er den Großmimen in sich jedoch sofort wieder zum Schweigen und nahm potenziellen Kritikern den Wind aus den Segeln, indem er auf charmante Weise Selbstgeißelung betrieb: »Im Grunde bin ich so ein frühzeitig gealterter Pensionär, der krakeelig mit seinem Stock rumfuchtelt.«

Ein weiterer Mensch, der uns mit klugen Texten ins Gewissen redet, wenn wir uns dabei ertappen, unsere eige-

---

Reparaturbetrieb

Es gibt viele Gründe, die Schauspielerin Iris Berben zu lieben. Einer davon ist ihr Sinn für Pointen. So vertraute sie dem Magazin stern folgendes Geheimnis an: »Mein Badezimmer gleicht einer Werkstatt. Auf sämtlichen Tiegeln steht ›Repair‹.«

ne Bedeutung aufzublasen, ist die Autorin Sibylle Berg. In ihrem kleinen Essay »An Sachen festhalten« erklärt sie, wie man den Herausforderungen der mittleren und höheren Jahre stilvoll begegnet: »Gut ist der Mensch, der (...) noch mit Dingen beschäftigt ist, die er liebt und die er verfeinert. Er hat erkannt, dass er die Welt nicht verändern oder retten wird, ganz einfach, weil ihm dazu die nötige Geisteskrankheit fehlt. Er trägt niedliche Kleidung, hält sich rein und fällt keinem damit auf den Wecker, dass er meint, alles besser zu wissen. Er lässt junge Menschen in Ruhe ihre Fehler machen und trinkt Tee derweil.«

ERKENNTNISSE,

die unwiderstehlich machen

»Man sollte entweder ein
Kunstwerk sein oder eines
tragen.«

OSCAR WILDE

Wie der Modedesigner Marc Jacobs in die zweite Pubertät kam – und wie man die Herausforderungen dieser Phase souverän bewältigt

IN IHRER KOLUMNE »Neulich in meinem Café« in der *Frankfurter Allgemeinen Sonntagszeitung* berichtete die Journalistin Judith Lembke von einer Bekannten und ihrer sehr individuellen Strategie, der Wirtschaftskrise zu begegnen. Sie gab eine Heiratsanzeige mit folgendem Wortlaut auf: »Atemberaubend hübsche und charmante Dame sucht einen Mann aus der Finanzbranche, Mindestgehalt 300 000 Euro im Jahr. Als Gegenleistung bekommt er eine Lady von Welt, die auch in den hochstudiertesten Kreisen präsentierbar ist.«

Wenig später, so schildert die Autorin, meldete sich per E-Mail ein erster Interessent, der – wie er angab – über ein Jahreseinkommen von 500 000 Dollar verfügte. »Du schlägst also ein Geschäft vor: Ich soll mein Vermögen einbringen und Du Dein Aussehen. Dabei gibt es nur ein Problem: Mein Vermögen wird mit der Zeit wachsen,

Deine Schönheit jedoch verblassen. Du verlierst für mich also an Wert. Da ich die Zukunft handele, bist Du eher eine Verkaufs- als eine Halte- oder gar Kaufposition. Es ist deswegen sinnvoller, Dich zu mieten, anstatt Dich zu kaufen. Mein Angebot lautet: Affäre ja, Hochzeit nein.«

Woran man merkt, dass man in die zweite Pubertät kommt: Das Selbstbewusstsein fährt Achterbahn

Die kleine Geschichte spiegelt entwaffnend ehrlich wider, wie man in westlichen Gesellschaften älter werdende Menschen sieht. Natürlich gibt es unter zivilisierten Zeitgenossen nur wenige boshafte Gestalten, die einem Angehörigen der Generation 45 plus ins Gesicht sagen würden: »Verschwinde doch, du bist nicht schön. Deswegen ersetzen wir dich jetzt durch einen 20-Jährigen. Aber wenn du brav bist, darfst du im Archiv die Blumen gießen. Da bleibt unseren Kunden dein Anblick erspart.« Doch wir empfangen täglich viele kleine, subtile Botschaften, die uns die Information vermitteln, dass wir nicht mehr das sind, was die Amerikaner »the flavour of the moment« nennen.

Die Aufmerksamkeit wendet sich von uns ab und Jüngeren, Neueren zu. Nach Jahren, in denen es mit unserem Selbstbewusstsein in dem Maße aufwärtsging, in dem wir an Kompetenz und Lebenserfahrung gewannen, werden wir nun wieder öfter von Selbstzweifeln überschwemmt. Sind wir in eine zweite Pubertät geraten? Die Frage ist nicht so abwegig, denn die Empfindungen und Gedanken, die uns jetzt beschäftigen, ähneln denen, die wir im Alter von 15, 16 hatten. Wir beobachten unser sich veränderndes Gesicht und unseren sich verändernden Körper: Genügen sie noch den für unsere Altersklasse geltenden Standards? Wir werden self-conscious, nehmen wahr, mit welcher Art von Blicken wir betrachtet werden. Spiegelt sich darin Interesse, Sympathie – oder bohren sie sich durch uns hindurch, als wären wir unsichtbar?

Egal, ob es um den Job oder um die Liebe geht: Es gibt Angebote, für die wird ein Mensch von Mitte 40 nicht mehr in Betracht gezogen. Ein Phänomen, das Frank Schirrmacher in seinem Buch »Das Methusalem-Komplott« das »soziale Altern« nennt. »In dem Augenblick, da die Natur zuschlägt – nach dem 40. Lebensjahr –, schlägt auch die Gesellschaft zu. Sie jagt den Menschen aus seiner freien Bahn heraus. Ins Tierreich übersetzt: Sie nimmt ihm den Status innerhalb der Gruppe, um ihn leichter vertreiben zu können. Wie die Tiere in der Steppe werden die Älteren nach dem Verlust ihres Prestiges in einer umfassenden Jagd zur Erschöpfung getrieben. Das geschieht durch Altersstereotype (...). Die Attacke zielt aufs Selbstbewusstsein.«

Aber wie begegnet man dieser Attacke angemessen? Soll man versuchen, seine Jugendlichkeit unter immer größeren Anstrengungen zu bewahren – wie der Popstar Madonna, eine Frau mit durchtrainierten Armen und alten Augen in einem faltenfreien Gesicht? Oder gibt es – was sehr wünschenswert wäre – ein gleichwertiges, der Tatsache des Alterns angemesseneres Äquivalent?

Ein Klassiker von Chanel

Nichts lässt uns so alt aussehen wie der verzweifelte Versuch, jung zu bleiben. Diese Weisheit stammt von Coco Chanel. Man braucht sich in den People-Magazinen nur eine bestimmte Sorte von Society-Ladys anzuschauen, um zu erkennen, dass sie immer noch stimmt. »Viele Frauen verkleiden sich bis ins hohe Alter als Teenager. Das verstehe ich nicht«, sagt die Schauspielerin Sophie Rois. »Ich habe mich immer darauf gefreut, endlich keine Jeans mehr tragen zu müssen, endlich erwachsen zu werden. Und das auch äußerlich zu unterstreichen – mit allem, was dazugehört: Handschuhe, Ohrringe, feine Strümpfe. Solche Accessoires definieren, wer du bist oder sein willst. Ich fühle mich in meinem Lieblingsmantel wie Miss Marple. Die ich übrigens für eine äußerst gut angezogene alte Dame halte.«

Was in mutlosen Phasen Trost spenden kann: Wir sind nicht allein! Selbst erfolgsverwöhnte Menschen, die von jungen und älteren Fans vergöttert werden, trifft die Midlife-Crisis mit voller Wucht. Ein Beispiel: der Modedesigner Marc Jacobs. Rick Owens, ein Designerkollege, der in Paris mit Jacobs im gleichen Fitnessstudio trainiert, erzählte in einem Interview mit dem *Zeit-Magazin*: »Er lässt sich jetzt diese ganzen seltsamen Tattoos machen: das kleine Mädchen aus dem Film »Poltergeist«, das französische »Oui«, die M&M-Figur … Wenn man sich tätowiert, will man sich als jemand ausweisen. Sich identifizieren in der Welt durch die tätowierte Botschaft. Meistens macht man das, wenn man jünger ist und noch nicht viel darstellt. Man verwendet die Tätowierung gewissermaßen als Hilfsmittel. Der Letzte in dieser Welt, der sich noch identifizieren muss, ist meiner Meinung nach Marc Jacobs. Ich meine, dieser Mann ist ein globaler Markenname.«

Trotzdem bleibt ihm und uns allen nicht erspart, ein paar Gewissheiten über unsere Identität auf den Prüfstand zu stellen: Sind wir für andere noch attraktiv? Operieren wir noch oberhalb ihrer Wahrnehmungsschwelle? Ist das, was wir an Fähigkeiten zu bieten haben, auf dem Markt noch gefragt? Wie sieht der Entwurf unseres Ichs für die nächsten 20 Jahre aus? Wie stehen die Chancen, dass wir in der Branche, in der wir arbeiten, noch eine Weile überleben können?

Plötzlich Problembär: Warum in Fernseh-Quizshows nur noch junge Menschen sitzen

In den Statistiken der Bundesagentur für Arbeit werden Menschen im Alter von 50 plus plötzlich unter dem Label Risikogruppe eingeordnet. »Es gibt am Arbeitsmarkt Risikogruppen: zum Beispiel Menschen ohne Berufsabschluss und solche, die älter als 50 Jahre sind«, heißt es in einer Mitteilung des Instituts. »Sie benötigen Qualifizierung, Schuldner- oder Suchtberatung.«

Der hochqualifizierte Chef vom Dienst einer Reisezeitschrift, die der Verlag vom Markt nahm, die IT-Expertin bei der Deutschen Bank, die ihren Job verlor, weil ihre Abteilung umstrukturiert wurde – Spezialisten, die über herausragende Fähigkeiten verfügen, die ihr Leben im Griff haben und niemals in irgendeiner Form sozial auffällig geworden sind: Sie alle werden plötzlich zu Problembären deklariert. Sie schauen sich um und reiben sich irritiert die Augen. Nur weil sie eine Altersgrenze überschritten haben, erklärt die Gesellschaft sie zu Menschen mit erhöhtem Betreuungsbedarf – Seite an Seite mit Junkies, Ausbildungsabbrechern und Insolvenzverschleppern.

In Branchen wie den Medien und der Modewelt, in der Marc Jacobs arbeitet, ist alt zu werden ein besonders unverzeihliches Verbrechen. Deshalb trifft man dort nur noch wenige Menschen über 40 an. Selbst die Quizkandidaten bei »Wer wird Millionär?«, so hat man den Eindruck, werden neuerdings nach Schönheit gecastet.

Sekunden-Lifting

*In zwei Sekunden 10 Jahre jünger aussehen: Ist
das ein realistisches Ziel? »Durchaus«, sagt eine
erfahrene Fotografin. Sie rät manchen Kundinnen,
die ein glamouröses Bild von sich wünschen, sich
in ihrem Atelier entspannt auf den Rücken zu
legen, während die Kamerakünstlerin – von einer
Trittleiter aus – ihre nicht mehr ganz jungen
Models aus der Vogelperspektive fotografiert. Der
Effekt: Die Haut an den Wangen strafft sich in
Sekundenbruchteilen, die Kinnlinie tritt wunderbar
definiert hervor. Leider nicht für immer – aber für
einen gloriosen Moment, der für die Ewigkeit auf
Fotopapier dokumentiert wird.*

Grauhaarige Superhirne wie der damals über 50 Jahre
alte Eckhard Freise, der im Jahr 2000 die erste Million
gewann, sind in der Sendung kaum mehr zu sehen. Stattdessen sitzen dem Moderator fast ausschließlich junge
Kandidaten gegenüber. Frisch aufgeföhnte 20-Jährige
und muskulöse Studenten, die den Eindruck erwecken,
sie hätten am Vormittag im Studio nebenan noch eben
schnell einen Werbespot für Joghurt abgedreht.

Man kann sich gut vorstellen, wie der Redaktionsleiter
der Sendung seine Truppe zur Morgenkonferenz zusam-
menruft: »Darf ich euch kurz daran erinnern, wer unsere

Kernzielgruppe ist? Junge Leute zwischen 14 und 34! Die wollen keine faltigen Gestalten mit Tränensäcken sehen. Merkt euch das endlich! Die einzige Frau über 40, die ich in der Sendung akzeptiere, ist Claudia Schiffer!«

Das Miami-Syndrom: Ab 29 ist man unsichtbar

»Nimm keinen über 30.« Nirgendwo auf der Welt wird diese Auslese so knallhart praktiziert wie in Hollywood. »Die Unterhaltungsindustrie hat das Altern zu etwas gemacht, das wir fürchten müssen«, sagte die Schauspielerin Doris Roberts 2002 bei einer offiziellen Anhörung vor dem amerikanischen Senatsausschuss. In ihrer Rede schilderte sie Hollywood als einen Ort, in dem Frauen sich bereits in ihren Zwanzigern Botox spritzen lassen und in denen sie mit 40 schon fast zu alt sind, um Großmütter zu spielen. »Vor 20 Jahren gehörten erfahrene Drehbuchschreiber jenseits der 50 zu den begehrtesten der ganzen Industrie. Jetzt ist der Anteil auf 19 Prozent geschrumpft.« Sie erzählte von einem Treffen mit einem berühmten Emmy-Award-Preisträger, mit dem sie ein Projekt entwickelt hatte. Als sie es mit ihm gemeinsam in den Studios vorstellen wollte, zuckte er im letzten Moment zurück. »Wenn die meine grauen Haare sehen, sind wir erledigt.«

»In Amerika werden ältere Menschen als Beleidigung empfunden«, sagte die 1944 geborene Schauspielerin Geraldine Chaplin in einem Interview mit der *Süddeutschen Zeitung*. »Waren Sie schon mal in Miami? Da ist der Gegensatz besonders krass. Ab 29 sieht einen nämlich keiner mehr. Man übernimmt notgedrungen die Rolle des Beobachters, es gibt ja auch so viele tolle Sachen zu sehen: junge Menschen, die sich falsche Körperteile anmontieren. Männer mit Implantaten in den Waden. Wissen Sie, welcher Rat für junge Schauspieler kursiert? ›Stirb, bevor du alt wirst.‹ Und wenn du es mit 32 nicht geschafft hast, bist du alt.«

Rückzug? Nein danke! Warum die Babyboomer die Welt besetzen müssen

Auch in Deutschland signalisiert man Über-40-Jährigen mal mehr, mal weniger deutlich, dass es – wie dies früher bei den Indianern üblich war – nun Zeit für sie wird, sich zum Sterben in die Berge zurückzuziehen. Im Frühjahr 2012 plante die damals 50-jährige Kanutin Birgit Fischer ein Comeback bei den Londoner Sommerspielen, musste das Vorhaben jedoch wegen Herzrhythmusstörungen absagen. »Das wäre ja auch krass gewesen, wenn sie uns in den Sack gehauen hätte«, kommentierte die junge Konkurrentin Tina Dietze diese Nachricht, ohne dass irgendjemand an ihren harten Worten Anstoß nahm. Der Subtext: Soll die Alte doch mal besser zu Hause im Lehnstuhl sitzen bleiben. Man stelle sich vor, Tina Dietze hätte in ähnlich diskriminierender Weise über eine behinderte Sportlerin, eine Angehörige einer ethnischen oder religiösen Minderheit gesprochen. Augenblicklich wäre die mediale Empörungsmaschinerie auf Hochtouren gelaufen, Migranten- und Behindertenverbände hätten das Sperrfeuer auf die junge Sportlerin eröffnet, in den Leserbriefspalten der Tageszeitung hätte man ihre moralische Integrität in Grund und Boden gestampft.

Den Altenhass jedoch darf jeder ganz ungestraft und unkommentiert in die Welt hinausposaunen. Das tun nicht nur die Jungen: Die Alten ziehen auch selbst ganz ungeniert übereinander her. Und zwar umso brutaler, wenn es sich bei den Älteren um Frauen handelt. Der Schriftsteller Wilhelm Genazino etwa, inzwischen selbst ein fülliger älterer Herr, lässt in dem Roman »Wenn wir Tiere wären« seine männliche Hauptfigur folgendermaßen über dessen Exfrau Thea räsonieren: »Thea war zweiundvierzig Jahre alt. Schon länger als ein halbes Leben ertrug sie ihre schlechten Zähne. Ich verstand nicht, warum sie gerade jetzt, an der Schwelle zum Alter, ihre Zähne erneuern wollte. Ihre Hauptausstrahlungszeit als Frau hatte sie hinter sich, eine Ehe ebenfalls. Die Leute, mit denen sie Umgang hatte, hatten sich an den Anblick ihrer Zähne gewöhnt.«

Was passiert, wenn in einer Kultur, die die schöne Oberfläche anbetet, mein eigenes Erscheinungsbild an

Die Tasche ist ein mieser Verräter

Eine Alterserscheinung, mit der man gut zurecht-
kommt: Je länger man lebt, desto kleiner wird die
Lust auf Party-Small-Talk mit fremden Menschen –
und desto größer werden die Handtaschen, die
man unterwegs mit sich herumschleppt. Das hat
einen ganz einfachen Grund, den eine Kollegin
und ich beim Mittagessen in der Kantine näher
beleuchteten. »Es liegt an den Brillen«, sagte
Christiane. »Ich brauche meine normale Fern-
brille, eine Computerbrille und die Lesebrille.«
»Im Sommer kommt die Sonnenbrille hinzu«,
ergänzte ich. »Und das Make-up!«, fährt sie fort.
»Früher steckte ich mir, wenn ich aus dem Haus
ging, einen Kajalstift in die Jeanstasche. Jetzt
habe ich sicherheitshalber eine Foundation dabei,
Puder, eine Handcreme und einen aufklappbaren
Spiegel.« Wir überlegten, ob man an dieser Front
nicht besser abrüsten sollte. Verrät die Größe der
Handtasche das Alter der Frau?

Attraktivität verliert, fragt sich der älter werdende Mensch, der täglich Zeuge solcher Demütigungen wird. Wie reagieren wir, wenn sich die Anzeichen verdichten, dass Chefs, Kollegen oder Liebhaber uns mitten in der Vorführung von der Bühne schubsen wollen? »Auf keinen Fall treten wir freiwillig ab«, sagt eine vom Revoluzzergeist der 68er-Generation bewegte Freundin. »Wir Babyboomer müssen die Welt besetzen.«

Sie hat recht. Und einige Pioniere auf dem Gebiet der Kultur haben dabei auch schon Beachtliches vorzuweisen. Filme wie »The Best Exotic Marigold Hotel« oder »Was, wenn wir alle zusammenziehen« beschäftigen sich auf ebenso charmante wie Generationen verbindende Weise mit Fragen, die sich in den Jahrzehnten ab 50 stellen. Und die Kabarettistin Gerburg Jahnke machte mit ihrer Wechseljahrsrevue »Heiße Zeiten« ein Tabuthema zum Kassenknüller.

Drei Beispiele, die erheitern und in die Zukunft weisen. Denn von der Art, wie wir die Welt besetzen, wird es abhängen, ob jüngere Generationen uns als Zumutung wahrnehmen – oder als Inspiration. Wir Babyboomer sind viele. Deshalb wird jede Bewegung, die wir initiieren, schnell zum Überrollkommando.

Es kann nämlich sehr furchteinflößend sein, wenn eine Horde von älteren Menschen in einen Ort einmarschiert wie die Westgoten im Jahr 410 in Rom. Wie sich das anfühlt, habe ich im Alter von etwa 30 Jahren am Strand von Gran Canaria erlebt, wo ich ein paar Tage Urlaub machte, um mich auf einen neuen Job einzustimmen.

Ich schlenderte am späten Vormittag von Maspalomas aus über den breiten Strand Richtung Playa del Inglés. Plötzlich waren sie da. Sie kamen aus der Gegenrichtung, marschierten in raschem Tempo und in langen Reihen direkt auf mich zu und an mir vorbei. Eine Kohorte von Rentnern, braun gebrannt wie Indianer auf dem Kriegspfad, in ihren Gesichtern lag eine brutale Entschlossenheit. Sie waren, wie ich selbst, Touristen, die sich vor dem Mittagessen ein wenig Bewegung verschafften. Doch weil sie so viele waren und weil sie so unfreundlich aussahen, machten sie den vereinzelten jüngeren Badegästen, die sich am Strand aufhielten, Angst. Durch ihre schiere Masse und durch ihre Dominanz erweckten sie den Eindruck, als ob sie wie eine Stampede alles niedertrampeln wollten, das sich ihnen in den Weg stellte. »So will ich niemals werden, wenn ich alt bin«, schwor ich mir.

Aber wie will ich werden? Wo finden wir Vorbilder, die das, was uns bevorsteht, bereits mit Grandezza gemeistert haben? Gibt es ein Mantra, mit dem wir uns in schwierigen Phasen Mut machen können?

Ja, es gibt dieses Mantra. Es handelt sich dabei um einen Rat des Dichters Oscar Wilde. Er lautet: »Sei Du selbst. Alle anderen Möglichkeiten sind schon vergeben.« Wir müssen unsere Individualität verteidigen. In vielen kleinen Gefechten, die an den Fronten des Alltags ausgetragen werden. Oft geht es nur darum, dass wir uns nicht zu etwas überreden lassen, das zu unserem persönlichen Stil nicht passt.

Es gibt eine kleine Geschichte über den Fernsehmoderator Günther Jauch, der auf ganz unaufgeregte Weise vorführt, wie diese Form der Zivilcourage funktioniert. Vor einigen Jahren überredete ihn die Redaktion, am Ende seiner Sendung eine Schneeballschlacht auszutragen. Sie dauerte nur ein paar Minuten, doch anschließend ging Jauch zu seinen Leuten und erklärte: »Mit 15 habe ich die Schneebälle selber geworfen, mit 25 war das noch nicht so lange her, und mit 35 konnte ich es noch gut darstellen. Aber jetzt bin ich über 50, und ich mache so etwas nicht mehr. Betrachtet es meinetwegen als Handicap eures Moderators, aber so ist es nun mal.«

Das Geheimnis der Miuccia Prada. Oder: Wie man zur Stilikone wird, indem man das Diktat altersgerechter Kleidung ignoriert

Wenn der ICE in einen Tunnel einfährt, die Landschaft unsichtbar wird und sich in der Fensterscheibe stattdessen das Gesicht der nicht mehr ganz jungen Reisenden spiegelt, kommt es vor, dass diese – plötzlich mit der eigenen Physiognomie konfrontiert – erschrickt.

Auf einer Zugfahrt nach Hamburg erblicke ich: zwei staunend hochgezogene Augenbrauen, darüber die Stirn, über die sich mehrere horizontale Linien ziehen. In der Gesichtsmitte zwei Nasolabialfalten. Zwischen deren Endpunkten: ein Mund mit leicht nach innen gefallener Oberlippe, sehr klein und Angela-Merkel-haft. Ich registriere den Anblick, und augenblicklich setzt folgender vertrauter Automatismus ein: Ich entspanne die Haut über der Stirn, lockere die Lippen, lege sie so aufeinander, dass die obere weich aufliegt und von der unteren gestützt wird. So sehen beide etwas voller aus. Nach dieser kleinen Korrektur fällt es mir leichter, meinem gealterten Ich ins Auge zu sehen.

Es gibt Dinge, die würde keine Frau ab 40 freiwillig tun – etwa bei einem Kopfstand ihr Gesicht in Nahaufnahme fotografieren lassen. Denn auf diesem Bild würde eine Tatsache offenbar, die man in mittleren Jahren – solange man sich aufrecht hält – noch einigermaßen vertuschen kann: dass die Haut ihre Elastizität verliert und anfängt, leicht zu hängen. Hat man erst einmal die 40 überschritten, kostet es mehr Anstrengung, schön zu sein. Und es beginnt ein Prozess, der uns vorher gar nicht bewusst gewesen ist: Unser Selbstbild und unser Abbild im Spiegel klaffen plötzlich auseinander. Tief in unserem Inneren fühlen wir uns ja gar nicht anders als mit 20 oder 30 Jahren, als diese Form der Wachsamkeit der eigenen optischen Erscheinung gegenüber noch nicht nötig war.

Zu diesem Dilemma liefert der Regisseur David Lynch in einem Interview einen versöhnlichen Kommentar. »Jeder weiß: Im Zwiegespräch mit uns selbst sprechen wir mit einem alterslosen Selbst. Es ist das gleiche Selbst wie in unserer Kindheit. Es überrascht manchmal, in den Spiegel zu sehen und festzustellen, dass man nicht mehr in einem jener Lebensalter ist, die irgendwann einmal geschehen sind. Aber das macht nichts. Die Ideen fließen noch, der Enthusiasmus ist da, das Glück ist da, man macht weiter.«

Aber wie genau macht man weiter? Hegen wir doch den Ehrgeiz, unsere Erscheinung so zu gestalten, dass sie auch anderen gefällt. Schönheit entwickelt ihren Reiz immer erst im Wechselspiel zwischen kollektiven und individuellen Fantasien. Wer versucht, sich von allen Leitbildern seiner Gegenwart abzukoppeln, wird als seltsamer Kauz wahrgenommen. Und wer nur den Leitidealen entsprechen möchte, endet im Klischee. Schönheit will immer aufs Neue belebt, mit Eigensinn erfüllt werden. Das gelingt uns in höherem Alter möglicherweise leichter als mit 20, weil wir uns selbst inzwischen besser kennen. Allerdings kostet es enorme Anstrengung, unser Ich permanent in Bestform zu präsentieren. Doch wir können uns dem moralischen Imperativ »Sei schön!« kaum entziehen, denn wir leben in einer visuellen und performativen Kultur, deren Gesetze alle Lebensbereiche beherrschen.

In einer Gesellschaft, die die Oberfläche anbetet, zählt erotisches Kapital mehr als Substanz

»Wir sind jetzt alle Selbstdarsteller auf dem Sichtbarkeitsmarkt«, schreibt Christoph Bartmann in seinem Buch »Leben im Büro. Die schöne neue Welt der Angestellten«. »Wir haben eine Performance abzuliefern. Zur Darstellung der Leistung tritt regelmäßig die Leistung der Darstellung. Unser Auftritt. Unsere Performance.«

In diesem kulturellen Umfeld haben vor allem diejenigen Erfolg, die gut aussehen. Die sofort deutlich machen,

Die Joop-Therapie

In manchen Situationen wirkt ein Weichzeichner Wunder: etwa dann, wenn uns der Liebste um ein aktuelles Porträtfoto bittet und wir den Profi im Studio fragen, ob er die Nasolabialfalten in unserem Gesicht am Computer ein wenig absoften kann, damit sie weniger ins Auge fallen. In anderen Momenten dagegen brauchen wir einen Menschen, der uns in aller Härte eine Wahrheit zumutet, damit wir gut aussehen.

Eine unerschöpfliche Quelle solcher Erkenntnisse ist der Designer Wolfgang Joop. Eine kleine Kostprobe? Bitte sehr: »Arrivierte Mode sieht an einem 20-jährigen Model fantastisch aus, aber eine Frau um die 40 altert darin. Ich finde ja eine Haute-Couture-Schau von Dior ganz amüsant. Aber wenn mir eine 50-Jährige so entgegenkommt, 50er-Jahre-Kleid zur 50er-Jahre-Frisur, da frage ich mich doch: Oh Gott, hat sie vielleicht auch noch Motten im Kleiderschrank?«

was sie können und wofür sie stehen. »Erotisches Kapital« nennt die Soziologin Catherine Hakim diesen Mix aus verschiedenen verführerischen Eigenschaften. Dass man mit diesem Kapital Großes bewegen kann, bewies die FDP bei der Hamburger Bürgerschaftswahl 2011. Die Partei befand sich in aussichtsloser Lage. Da schickte sie die vollkommen unbekannte, aber sehr attraktive Katja Suding ins Rennen. Et voilà: Die Kandidatin verhalf ihrer Partei zu sensationellen 6,7 Prozent. Die Presse erfand für diese Taktik der Partei den Begriff »Topmodel-Strategie«.

Was macht meine Marke »Ich« aus? Welche Nische besetze ich? Wo bin ich besser als die Konkurrenz? Wer sich als Freiberufler auf dem Markt behaupten will, als Angestellter im Hierarchiegefüge eines Konzerns oder als Mitglied in einer Online-Partnerschaftsbörse, kommt nicht umhin, sich über solche Fragen Gedanken zu machen.

Bei der Überlegung, wie man sich als nicht mehr ganz taufrisches Exemplar der Gattung Mensch auf dem Sichtbarkeitsmarkt authentisch und attraktiv positioniert, kann folgende Überlegung hilfreich sein: Welche Freunde im Bekanntenkreis der Eltern fand man interessant, als man selbst noch jünger war? Es waren nicht unbedingt diejenigen, die aussahen wie Seniorenmodels. Viel mehr faszinierten uns Persönlichkeiten, die sich die Freiheit nahmen, auf unaufgeregte Weise anders als der Prototyp des angepassten Bürgers in Erscheinung zu treten. Indem sie großkarierte Sakkos trugen, zwei afghanische Windhunde hielten, abends zur Entspannung einen Joint rauchten oder auf andere Art ihren Eigensinn kultivierten.

Es waren Menschen vom Schlag der italienischen Modeunternehmerin Miuccia Prada. Kaum eine Designerin schafft es, auf so konstant hohem Niveau immer wieder mit außergewöhnlichen Entwürfen zu überraschen. Mit Outfits, die auch in Größe 42 gut aussehen. Prada ignoriert sämtliche Regeln der Figuroptimierung und das Diktat einer »altersgerechten Kleidung«. Sie weiß: Entscheidend ist nicht, ob man 2 Kilo leichter aussieht, sondern ob man seinen Vorlieben treu bleibt. Dabei geht sie selbst mit gutem Beispiel voran. Unabhängig davon, welche Trends gerade angesagt sind, sieht man sie meistens in einem Rock. »Ich finde Hosen nicht besonders bequem. Ein Rock schenkt viel mehr (Bewegungs-)Freiheit«, sagte sie in einem Interview. »Der einzig interessante Aspekt an einer Hose ist die Art, wie sie die Fesseln inszeniert. Aber mit den Partien am unteren Ende der weiblichen Silhouette beschäftige ich mich nicht gerne. Umso lieber entwerfe ich Röcke. Die Formen, die Länge, die Stoffe – man kann ein ganzes Universum rund um einen Rock kreieren.«

Der Sinn der Mode: Sie soll Frauen helfen, sich gut zu fühlen

Anfang des Jahres 2012 gab Miuccia Prada der französischen *Elle*-Ausgabe eines ihrer raren Interviews, in dem sie ihr Konzept von Mode erläuterte. »Es geht mir darum,

Mode zu kreieren, in der Frauen sich besser fühlen«, erklärte die in der Szene als Stilikone gefeierte Mailänderin den Journalistinnen Valérie Toranian und Sophie Gachet. Dabei weigert sie sich allerdings, die Erwartung zu bedienen, dass Kleider eine Frau vor allem sexy machen sollen. »Unsere landläufige Vorstellung von Schönheit kommt mir ziemlich banal vor. Ich versuche, mit meiner Arbeit eine neue Idee von Schönheit zu etablieren. Ein Konzept, das über das gängige Klischee von Schönheit erhaben ist.«

Pradas theoretische Überlegungen inspirieren dazu, über unsere eigene Vision von Schönheit nachzudenken. Wie könnte ein Alltagslook aussehen, der so komfortabel ist, dass wir seine Bestandteile morgens immer wieder intuitiv und ohne lange darüber nachzudenken aus dem Schrank ziehen (ein paar praktische Überlegungen dazu liefern die Kapitel »Das Jackie-O.-Prinzip« und »Der Lady-Code«)? Erzählen unsere Kleider anderen etwas darüber, wer wir sind und wie wir uns selbst sehen? Oder sind die Teile, die da nebeneinander aufgereiht in unserer Garderobe hängen, eher eine Art Tarnung, die vor allem den Zweck hat, dass wir uns unserem Umfeld besser anpassen? Wenn ja, wie kommen wir aus diesem modischen Dilemma am besten heraus?

Wer sich auf diesen Selbsterkundungsprozess einlässt, wird zu interessanten Ergebnissen kommen und entdecken, dass die Mode ein Spiel ist, bei dem man eigentlich nicht viel falsch machen kann – solange man folgende drei Fallen vermeidet.

Erstens: Die Nostalgiefalle

Man verharrt modisch in der Zeitkapsel der frühen Sozialisation. Eine Fahrt mit der Münchner U-Bahn-Linie 4 Richtung Arabellapark bietet interessantes Anschauungsmaterial zu diesem Phänomen. Hier streben jeden Morgen Gruppen von Journalisten und Unternehmensberatern ihrem Arbeitsplatz zu. Letztere sind strengen Dresscodes unterworfen und bieten – korrekt in Anzug und Kostüm gekleidet – einen unauffälligen, aber auch uninspirierenden Anblick.

Anders die Journalisten, die morgens auf dem Weg zu den großen Münchner Verlagen sind. In diesem Job herrscht ein großes Maß an Freiheit hinsichtlich der Garderobe. Entsprechend sieht man hier junge Frauen in außergewöhnlich raffinierten Kombinationen, aber auch Kollegen – in der Mehrzahl Männer um die 50, die ihre modische Sozialisation in den 70er- und 80er-Jahren erfahren haben.

Damals trug der Mainstream-Mann ausgebeulte und ausgeblichene Jeans, dazu den damals obligatorischen Parka in Bundeswehr-Grün. Auf den Schulhöfen der alten Bundesrepublik war das eine allseits akzeptierte Mode.

Junger Mensch plus leicht verwilderter Look = Sex-Appeal. Diese Rechnung geht mit 20 noch problemlos auf. Nicht aber 30 Jahre später, wenn man sich in ähnlicher Kombination durch ein Business-Umfeld bewegt. Dass viele Anhänger dieses vermeintlich zeitlosen Looks den Parka inzwischen durch eine praktische Funktionsjacke ersetzt haben, macht die Sache eher noch schlimmer. Im Lässig-Look von 1975 verströmen diese – meist grauhaarigen – Fashion-Desperados eine Aura von Dirty Old Men. Ganz anders übrigens als ihre Väter. Weil Männer damals, sobald sie dem Teenager-Alter entwachsen waren, dies auch durch ihre Kleidung dokumentierten. Sie sah so aus, als hätte ihr Träger sich, bevor er auf die Straße trat, Gedanken über seinen Auftritt gemacht. Das bedeutete in der Regel: Er trug einen Anzug. Was vielleicht nicht besonders einfallsreich war – aber ästhetisch unanfechtbar.

»Jeder Mann sieht besser aus, wenn er eine Silhouette hat, wie ein Anzug sie schafft«, sagt der 59-jährige Jeremy Hackett, Stilikone und Gründer des britischen Herrenausstatters Hackett London. »Und ich hasse es, wenn ich Männer meines Alters sehe, die sich zu jung kleiden. Wenn Vater und Sohn sich gleich anziehen, oder alte Männer mit zu schmalen Anzügen. Gruselig.«

Je älter man wird, desto mehr gedanklichen und modischen Aufwand muss man treiben, um einen erfreulichen Anblick zu bieten, das ist leider so. Wollte man eine Faustregel formulieren, so lautet sie wie folgt: Je weiter der physische Verfall fortschreitet, je formloser sich der Körper im Naturzustand präsentiert, desto formaler und ausgesuchter sollte die Kleidung sein. Dabei gilt es, zugleich zwei weitere Fauxpas elegant zu umschiffen.

Zweitens: Die Anpassungsfalle

Eine Münchner Kollegin hatte jahrzehntelang bei diversen Blättern als Autorin und Textchefin ein gedeihliches Auskommen gehabt. Sie galt als toughe Journalistin, die ihre Chefs eher durch Kompetenz und eine gewisse Ruppigkeit als durch ein Lächeln und hauteng sitzende T-Shirts überzeugte. Irgendwann wurde das Heft, für das sie zuletzt arbeitete, eingestellt. Und sie war gezwungen, sich als Autorin auf dem freien Markt zu verdingen. Dort herrschten inzwischen Chefredakteurinnen einer neuen Generation. Die Kollegin musste ihnen beweisen, dass sie – wenn auch 10 Jahre älter als die anderen – im Kopf noch so jung war wie eh und je.

So sah man die Frau, die man bisher als Amazone in Hosen und flachen Schuhen kannte – in Pfennigabsätzen und im schwingenden Rock zu einem ihrer neuen Arbeitgeber balancieren. Leicht gebückt und mit unsicheren Schritten tippelte sie über das Kopfsteinpflaster vor dem Eingang. Die Schuhe, der Rock – sie entsprachen perfekt der aktuellen Mode. Doch weil sie sich in diesen Kleidern ganz offensichtlich unwohl fühlte, registrierte der Betrachter ihren Look als das, was er vermutlich war – die Demutsgeste eines Menschen in prekärer Lage.

Wie weit müssen wir uns den Standards unserer Umgebung anpassen? Und wann beginnt die Selbstverleugnung? In diesem Spannungsfeld formen wir Tag für Tag unsere (modische) Identität. Dabei hilft uns unsere Sensibilität für optische Fauxpas, auch der dritten, gefährlichen Falle auszuweichen.

Drittens: Die Entblößungsfalle

Auf dem Höhepunkt der Diskussion um Stuttgart 21 stieß ich beim Lesen einer angesehenen Wochenzeitung auf einen Artikel zu diesem Thema. Darin kamen verschiedene Menschen zu Wort, die gegen das Projekt Stuttgart 21 argumentierten. Sie alle waren mit einem Foto abgebildet, darunter auch ein Wissenschaftler-Ehepaar Mitte 50. Während der Mann in der üblichen Schwarz-Weiß-Uniform der Intellektuellen in die Kamera schaute, hatte die Frau sich für einen ungewöhnlichen Look entschieden: Zu einer taillenhohen blauen Marlene-Dietrich-Hose trug sie eine transparente Schluppenbluse mit blau-weißem Streifenmuster. Durch die weißen Blockstreifen schimmerte ihre rosa Haut hindurch. Was garantiert jeden Leser dieses seriösen Blattes dazu verführte, unter dem Stoff nach Fettröllchen und erschlafften Oberarmen zu forschen. Das Anliegen der Wissenschaftlerin verlor man dabei völlig aus dem Blick. Kann eine mit akademischen Titeln dekorierte Frau das wollen? Ihre Autorität wäre größer gewesen, hätte sie ihre zweifellos vorhandene Trend-Kompetenz (sie trug den im Sommer 2010 höchst aktuellen Marine-Look) etwas subtiler zur Schau gestellt.

Warum Nachdenken uns hilft, besser auszusehen

Mode entsteht im Spannungsbogen von Sozialisation und Individuation, Abgrenzung und Anpassung. Auf der Suche nach einem Kompass, der uns helfen kann, das Passende für uns herauszufinden, mag eine Äußerung des Malers Neo Rauch hilfreich sein. Zur Eröffnung seiner großen Ausstellung in München wurde Rauch im Rahmen einer Podiumsdiskussion nach der Bedeutung der auffälligen Motive in seinen Bildern gefragt. Er antwortete, er könne nicht jedes Detail erklären und begründen. »Ich operiere aus der Mitte meiner Eigentümlichkeiten.«

Wer bei der Auswahl seiner Kleidung nach dem gleichen Motto vorgeht, findet mit seiner modischen Sprache sicher den richtigen Ton. Allerdings muss er sich vorher der Mühe unterziehen, sich selbst zu erforschen: Wie würde ich sie denn beschreiben, meine Eigentümlichkeiten? Was sind meine Bedürfnisse in Bezug auf Kleidung: Geht es mir um Bequemlichkeit oder um Repräsentation? Und was folgt daraus bei der Auswahl meiner Looks? Habe ich modische Vorbilder? Was will ich mit den Sachen, die ich anziehe, eigentlich ausdrücken?

Wer so detailliert über sich nachdenkt, für den ist eine Jahreszahl keine Grenzbezeichnung für Erfahrungen, die man ab einem bestimmten Zeitpunkt angeblich nicht mehr machen kann oder darf. Und schon gar nicht eine Chiffre für angstvoll zelebrierten Jugendwahn. Das über 80-jährige Model Carmen Dell'Orefice wurde in einem Interview mit dem Magazin der *Süddeutschen Zeitung* gefragt, welche Eigenschaften man braucht, um gut altern zu können. Ihre Antwort: »Man muss aufmerksam sein und nachdenklich. Das Denken ist ein Vergnügen und eine herrliche Form von Freiheit.«

Kluge Ansichten zu diesem Thema vertritt auch Brian Ferry, der Popsänger, der als Fachmann für Stilfragen gilt. »Ich glaube, weil das Leben eine so kurze Reise, ein so kurzes Abenteuer ist, bin ich verpflichtet, das Meiste daraus zu machen. Es ist ganz banal, wie die Entscheidung, welchen Kaffee man lieber mag. Und wenn sich Ihr Leben entfaltet, wissen Sie irgendwann instinktiv, welchen Kaffee Sie wollen. Das Gleiche gilt für mein Hemd.«

All jenen, die auf der Suche nach Inspiration für die Weiterentwicklung ihres eigenen Looks sind, bietet der Blog »Advanced Style« von Ari Seth Cohen eine Fülle von Anregungen. Im Jahr 2008 begann der New Yorker damit, gut angezogene Frauen im Alter von 50 plus zu fotografieren. Sie waren ihm auf seinen Streifzügen durch die Stadt aufgefallen. »Ich bewundere Frauen, die zu ihrem Alter stehen und dabei Individualität und Kreativität ausstrahlen«, erklärt Cohen. »Junge Leute möchten andere beeindrucken. Ältere tragen das, was ihnen gefällt mit Stolz und unabhängig von Trends.« Eine Auswahl von Fotos aus seinem Blog sind 2012 in einem Buch mit dem Titel »Advanced Style« erschienen.

Das Jackie-O.-Prinzip. Die Kunst, im Alltag ohne großen Aufwand fantastisch auszusehen

EIN PETROLFARBENES T-SHIRT hatte die Endvierzigerin in die Boutique gelockt. Fasziniert von dem großflächigen Motiv auf der Vorderseite, verschwand sie damit in der Umkleidekabine. Sie streifte es über, der perfekt gezeichnete V-Ausschnitt modellierte ein wunderbares Dekolleté. Direkt unterhalb des Vs bewegte sich ein schwarzer Panther durch eine Fantasielandschaft mit Blumen und verschwenderisch aufgetragenen Glitzersteinen. Das Muster wucherte vom Bauch aus über den Rücken weiter. Noch nie hatte sie ein derartiges T-Shirt besessen, es passte überhaupt nicht zu ihrem Stil. Und dennoch musste sie es haben. Zum Glück war der Preis heruntergesetzt.

Am Abend betrachtete die 20-jährige Tochter die Mutter mit spöttischem Gesichtsausdruck: »Was ist denn in dich gefahren, Mama? Du weißt schon, das ist ein Ed-Hardy-T-Shirt. Solche tragen die coolen Mädels aus meiner Klasse beim Beth-Ditto-Konzert.« Ja, was war in sie gefahren? Vermutlich spiegelte das T-Shirt einen Aspekt ihrer Persönlichkeit, der in ihrem Alltag als vernünftige Mutter und einwandfrei funktionierende Mitarbeiterin in ihrer Firma nicht zum Zuge kam. Manchmal fördert Mode etwas zutage, das wir in uns selbst unterdrücken. Dann spricht nichts dagegen, das Objekt unserer Begierde in unserer Freizeit rauschhaft zu seinem Recht kommen zu lassen. In allen offizielleren Bereichen unseres Lebens ist jedoch Vorsicht angeraten.

Bye, bye Lady, hello Girlie: Wie das Mädchen zum neuen Leitbild der Mode wurde

Mode ist die schönste Nebensache der Welt. Aber für alle, die nicht mehr ganz jung sind und in einer alternden Gesellschaft leben, wird es manchmal zu einer Gratwanderung, sich gut und angemessen anzuziehen. Unversehens passiert es einem, dass man sich in ein T-Shirt verliebt, das 20 Jahre jünger ist als man selbst. Das ist nicht weiter verwunderlich und vielleicht nichts weiter als der Beweis unserer Anpassungsfähigkeit. Denn das Ideal, an dem die Mode sich seit Jahrzehnten orientiert, ist das Mädchen – und nicht die erwachsene Frau.

In den Wirtschaftswunderjahren verhielt es sich noch umgekehrt: Im Jahr 1950 wurde die damals 24-jährige

Susanne Erichsen im Baden Badener Kurhaus zur ersten Miss Germany gewählt. Auf allen Bildern, die es von ihr gibt, trug sie sorgfältig frisierte Locken und perfekt sitzende Schneiderkostüme. Denn das modische Leitbild von damals war die Dame.

Ende der 50er-Jahre zeichnete sich ab, dass das nicht mehr lange so bleiben würde: In den Werbeanzeigen der Illustrierten tauchten neben dem Gentleman mit den grauen Schläfen und seiner erwachsenen Partnerin immer häufiger sportliche junge Männer und Mädchen im Glockenrock auf. Sie warben für Produkte, die den Konsumenten jugendliche Schönheit und Frische versprachen. Die Jugendrevolte wurde zu einer globalen Bewegung, erwachsene Werte wie Rationalität und Autorität galten nicht mehr als erstrebenswert. Plötzlich wollten alle jugendlich wirken. Was die Zeitschrift *stern* in einem Heft von 1972 zu folgendem spöttischen Kommentar anregte: »Eltern betrachten ihre Kinder heute als Vorbilder. Sie richten sich nach ihrem Geschmack und imitieren ihre Manieren. Mutter mit schmollend geschminktem BB-Mund. Vater salopp gekleidet – ein Beau.«

Und heute? Seit den 90er-Jahren sind viele der Models, die die Kollektionen der Designer präsentieren, so jung, dass der Designer Wolfgang Joop einmal ätzte, auf den Laufstegen werde Pädophilie praktiziert. Daneben allerdings gibt es seit wenigen Jahren einen Trend, der Hoffnung macht. Attraktive ältere Schauspielerinnen wie Meryl Streep, Helen Mirren oder Judy Dench erleben im Alter von über 50 einen zweiten Karrierefrühling. Kosmetikkonzerne wie L'Oreal werben mit reifen Frauen wie Jane Fonda. Und erfahrene Models wie Inès de la Fressange kehren auf die Runways zurück – als Models für Gaultier oder Chanel. Perfekt ausgeleuchtet von Hollywoods besten Kameraleuten und geschminkt von den weltbesten Visagisten taugen sie vielleicht nur bedingt als Vorbilder für die Durchschnittsfrau im täglichen Überlebenskampf zwischen Stadtautobahn und Supermarkt-Käsetheke. Trotzdem ist es ermutigend, dass im gesellschaftlichen Leben endlich eine neue Klasse von Leitbildern sichtbar wird. Sie sind »bigger than life«, aber trotzdem eine Inspirationsquelle. Sie befreien uns von dem Zwang, ewig jung bleiben zu müssen, weil sie demonstrieren, dass man in jedem Alter schön sein kann.

Man kann nicht nicht kommunizieren: ein Motto, das auch für unsere Kleidung gilt

Wann hat das eigentlich angefangen, dass einem überall in den Fußgängerzonen deutscher Städte ein bestimmter Typus Mann und Frau ins Auge fällt? Die Haare meist grau, die Beine stecken in Jeans, die Füße im Winter in einer Art Wanderschuhen, im Sommer in Trekkingsandalen. Die Leibesmitte ist eingehüllt in Funktionsjacken mit versiegelter Oberfläche, auf den Rücken haben sie einen Rucksack geschnallt, der im U-Bahn-Gedränge bei ruckartigen Drehungen nach rechts und links gern im Gesicht oder in den Rippen Mitreisender landet.

Wie praktisch! Dank des Rucksacks hat man die Hände frei. Wie praktisch! An den Funktionsjacken perlt das Wasser ab, sodass man beim Ausflug in die Stadt keinen Schirm mitnehmen muss. So haben sie es sich wohl gedacht, als sie sich derart ausstaffierten.

Doch zwischen Zweckmäßigkeit und optischer sowie sozialer Rücksichtslosigkeit verläuft oft nur ein schmaler Grat. So ziehen sie dahin, die von Kopf bis Fuß in praktische Kleidung gehüllten Outdoor-Desperados mittleren bis höheren Alters, und das leichte Gruseln in den Augen derer, an denen sie vorbeistapfen, bekommen sie gar nicht mit. »Mode ist mir nicht wichtig«, ist die Botschaft ihrer Kleidung. Und vermutlich ist ihnen nicht einmal bewusst, dass ihre Kleidung eine Botschaft hat.

Tatsächlich spricht Mode eine subtile Sprache. »Man kann nicht nicht kommunizieren«, sagte der Soziologe Paul Watzlawick. Jennifer Baumgartner, eine amerikanische Psychologin, drückt es in ihrem Buch »You are what you wear. What your clothes reveal about you« noch deutlicher aus: »Jeder von uns versucht, etwas zu verbergen oder zu sagen mit der Art, wie er sich kleidet«, sagt sie. Wer im praktischen Einheitslook durch die Stadt flaniere, signalisiere: »Ich will nicht weiter auffallen.« Wer sein Erscheinungsbild jedoch so sehr herunterdimme, riskiere, dass er irgendwann sein Dasein im Schatten seines langweiligen Outfits fristet. Und von seinem Umfeld als Langweiler wahrgenommen wird.

Die Kunst des Weglassens

Auch weltweit verehrte Künstler und Stilikonen lernen von berühmten Vorbildern. So hing im Büro des Regisseurs Billy Wilder ein Plakat mit dem als Inspiration gedachten Satz: »How would Lubitsch do it?«

Die langjährige Chefredakteurin der französischen Vogue und gefeierte Stilikone Carine Roitfeld bekannte in einem Interview, sie habe etwas ganz Wesentliches von Coco Chanel gelernt. »Bevor man das Haus verlässt, kontrolliert man sein Spiegelbild. Und jedes Mal, wenn man in den Spiegel hineinschaut, legt man ein Teil, das man trägt, ab. Und sie hat recht. Jedes Mal fällt mir etwas auf, das ich nicht brauche: den Schal, das Tuch, das Armband.«

Für Ästheten ist es deshalb sehr erholsam, in Italien über eine Piazza zu flanieren. Jeder Mitspieler in dem kleinen Welttheater, das dort jeden Abend gegeben wird, gibt sich Mühe, sich als angenehme Erscheinung zu präsentieren. Aus Respekt vor seinen Mitmenschen und vor sich selbst. In Ländern wie Italien und Frankreich werden Kleider als Teil der Kultur betrachtet. Mode ist ein Stilmittel, mit dem man sich inszeniert, abgrenzt und für sich wirbt.

Wie man Mode als Doping für das Ego einsetzt

Mit dem Outfit, das wir morgens für uns zusammenstellen, können wir sogar ganz gezielt unsere Stimmung beeinflussen. Das feminine Kleid aus Chiffon etwa ist ein aphrodisierendes Aufputschmittel fürs Ego, wenn man es im richtigen Moment einsetzt – an einem Tag, an dem man dem Zufall eine Chance geben will. Das Kleid bringt einem jede Menge interessierte Blicke ein. Auch von Männern. Es weckt in ihnen den Jagdinstinkt, gerade weil es nicht offensiv sexy ist und auch toughe Frauen sich darin von ihrer mädchenhaft-verletzlichen Seite zeigen.

Und was zieht man an, wenn man vor einer großen Entscheidung steht und ein Outfit braucht, das einem den Kick gibt, sich auf etwas Neues einzulassen? Mein Favorit für solche Situationen: eine dieser Schlaghosen, die mit mindestens 15 Zentimeter hohen Plateauschuhen getragen werden. Die Wirkung: Man fühlt sich euphorisiert, so als säße man in einem startenden Flugzeug, das gerade durch die Wolken bricht. Von einer erhabenen Perspektive aus betrachtet, sehen nämlich alle Lebensrisiken klein und beherrschbar aus.

Das ABC der Individualität: Wie man seinen persönlichen Signature-Look entwickelt

Ob es darum geht, eine komplizierte Powerpoint-Präsentation vorzubereiten oder auf Zeit über eine Sprintdistanz zu laufen: In vielen Disziplinen sind 20-Jährige besser als ihre nicht mehr ganz jungen Zeitgenossen. Das gilt jedoch nicht, wenn es um den souveränen Umgang mit der Sprache der Mode geht. Hier sind die erfahrenen Fashion-Fans klar im Vorteil, weil sie aufgrund ihres Lebensalters zu gewieften Experten in eigener Sache herangereift sind.

Nach Millionen Fehlkäufen und modischen Trial-and-Error-Abenteuern wissen wir, dass der schwingende Rock, der einer superschlanken Freundin ganz wunderbar steht, uns selbst wie eine pummelige, brünette Ausgabe von Doris Day aussehen lässt. Und dass die weiße Bluse, in der Sharon Stone ihr ganzes Starpotenzial entfaltet, manchen Frauen einen eher gouvernantenhaften Charme verleiht.

Es gibt daher zwei Dinge, die man ab einem Alter von 40 plus kompromisslos selbst in die Hand nehmen sollte: die Geldanlage und die Weiterentwicklung des eigenen Stils. Nicht einmal eine Autorität wie Miuccia Prada würde sich anmaßen, einer Freundin zu erklären, was sie anziehen soll. »Viele bitten mich um Rat, aber ich kann nur sagen: Okay, ihr wollt also elegant sein. Dann studiert eure Bewegungen, eure Haltung, eure Mimik, eure Mundwinkel beim Sprechen. Studiert euch selbst, aber auch eure Umgebung.« Das empfahl sie in einem Interview mit der *Süddeutschen Zeitung*. »Denn erst, wenn man weiß, wer man ist, erst dann zieht man sich gut an.«

Voilà: drei Überlegungen, die Ihnen helfen, bei der Zusammenstellung Ihrer Garderobe die richtigen Entscheidungen zu treffen.

1. Die Eleganz des Ostens oder der Chic des Westens: Welche Modeschule entspricht Ihrer Persönlichkeit?

Im März 2011 zeigte der Designer Christophe Lemaire, der kurz zuvor Kreativdirektor des Labels Hermès geworden war, seine erste Kollektion: die Looks für Herbst-Winter 2012. Langsam, fast wie in Zeitlupe, schritten die Models zu Harfenmusik eine Treppe hinunter durch eine Landschaft aus minimalistischen Holzskulpturen. Die Outfits, die sie vorführten – da stimmten alle Experten überein –, waren sensationell: locker fallende Kaftane, bodenlange Mantelkleider, Hosenanzüge aus fließenden Stoffen. Kleider, die mit ihren Trägerinnen zu verschmelzen schienen. Bei einigen Modellen gingen die Hosen direkt in die Schuhe über. Mode, die völlig erhaben schien über Trends und gängige Vorstellungen von Sexyness. In einem Telefoninterview, das ich anlässlich dieses Debüts mit Lemaire für *Elle* führte, erläuterte er sein Konzept:

»Eleganz liegt für mich in den Bewegungen einer Frau. Meine Kleider sollen ihre Gestik befreien.«

Mit diesen Entwürfen gab sich Lemaire als Anhänger der modischen Tradition des Ostens zu erkennen. Bei dieser wird – wie auch bei der griechischen und römischen Tradition – der Stoff um den Körper drapiert. Der Schnitt wird – wie bei Kimono und Kaftan – von den Schultern her entwickelt. Der Stoff umspielt den Körper, betont aber nicht dessen Form.

In der Schule des Westens geht es dagegen darum, den Körper nachzumodellieren. »Das ist eine Mode, die dem 19. Jahrhundert näher steht als der Gegenwart«, glaubt Lemaire. Dieser Ansicht ist auch die in Paris lebende Trendforscherin Li Edelkoort, die wenige Monate nach Lemaires Präsentation auf dem Münchner Kongress DLDwomen ihre Prognose für den Bereich Design abgab: »Die Mode der Zukunft wird eine selbstverständliche Erweiterung des Körpers sein – erkennbar an fließenden Silhouetten.«

Auch wenn diese beiden Visionäre sich klar zur Schule des Ostens bekennen, gibt es viele Gründe, warum die meisten Menschen mit der Schule des Westens sympathisieren. Christian Dior, Coco Chanel und viele andere große Modeschöpfer haben sich nicht ohne Grund an ihr orientiert. Wohl auch deshalb, weil sie die Vorzüge der weiblichen Figur besonders attraktiv in Szene setzt: den Busen, die Taille und die Beine. Das taillierte Schneiderkostüm gilt immer noch als klassisches Beispiel für Eleganz. Und wer gern seine schönen Beine herzeigt, wird sich von Minikleidern im Sixties-Stil ungern abbringen lassen.

In jedem Fall führt es zu interessanten Erkenntnissen, sich darüber Gedanken zu machen, in welcher der beiden Schulen man sich besser aufgehoben fühlt: in der des Ostens mit den körperumspielenden Stoffen? Oder in der des Westens mit der kurvigen Sanduhr-Silhouette? Von diesem zentralen Angelpunkt aus führt dann der Weg weiter zu den persönlichen Lieblingsschnitten und -stoffen.

2. Rollkragenpulli oder Empirekleid? Wie man die Essentials seines persönlichen Looks entdeckt

So, wie man einen Saucenfond immer mehr einköchelt, bis ein würziges Konzentrat entsteht, so lohnt es sich, die Elemente seines persönlichen Signature-Looks, also seines unverwechselbaren eigenen Stils, zu identifizieren, dann zu analysieren und auf die Essentials zu reduzieren. Wer sich diese Mühe macht, wird reich belohnt.

Stellen Sie sich vor, Sie öffnen die Türen Ihres Kleiderschranks, und Sie erblicken ausschließlich wohlsortierte Lieblingssachen. Keine Hose erinnert daran, dass man beim Kauf noch wild entschlossen war, 3 Kilo abzunehmen, damit der Bund des schicken Stücks nicht kneift. Von keiner Verkäuferin hat man sich einreden lassen, dass

Senfgelb die optimale Farbe für einen blassen Teint ist. Um diesen Traum wahr zu machen, brauchen wir nur eines: knallharte Shoppingkriterien. Erst wenn uns ein Teil hundertprozentig überzeugt, wird es erworben. Von der die Figur optimierenden Jeans bis zum perfekt sitzenden BH werden nur noch Dinge angeschafft, die das Potenzial haben, unser Leben zu vereinfachen und uns über den Kaufkick hinaus Freude zu machen. Indem wir das Erscheinungsbild unseres Körpers in unterschiedlichen Schnittformen studieren und unsere Achtsamkeit auf die Frage lenken: »Wie fühle ich mich darin?«, werden wir schnell zu interessanten Ergebnissen kommen.

Frauen mit großer Oberweite etwa sehen in Wickelkleidern fantastisch aus, während Etuikleider Frauen mit kleinerer Körbchengröße schmeicheln. Wer eine normale Figur mit kräftigen Oberschenkeln besitzt, genießt das Gefühl von Freiheit und Komfort, das eine Marlenehose bietet. Große Muster machen breitschultrige Oberkörper noch kompakter, ein V-Ausschnitt zieht ihn in die Länge. Kleider mit leichter Empirelinie überspielen eine allzu kompakte Taille elegant.

Was ist dran am Schnitt des Kleides, dass es unsere Figur besser aussehen lässt als andere? Warum lassen wir für die Viskose-T-Shirts einer bestimmten Marke jede Seidenbluse links liegen? Warum ziehen wir dieses tolle Jerseykleid aus der hochgelobten Kollektion eines Avantgarde-Designers so selten an? Dank Beobachtung und Reflexion entdecken wir so peu à peu die Essentials, die für unseren individuellen Wohlfühl-Look wesentlich sind. Und en passant spüren wir dabei einen Konflikt auf, der uns bei der Entwicklung unserer modischen Identität von Anfang an begleitet hat.

Mode-Todsünden, Lektion eins

Trage niemals Dunkelblau zu Schwarz und in Peeptoes niemals Strumpfhosen – solche Stilregeln von damals sind heute überholt. Dennoch gibt es in der Mode eine Todsünde, die erwachsene Connaisseurinnen vermeiden sollten: zwanghaft angestrebte Perfektion. Hören wir, was der geniale Bonmot-Lieferant Wolfgang Joop zu diesem Thema zu bedenken gibt: »Nichts ist ordinärer, als wenn etwas zu genau sitzt. Junge Frauen und kleine Mädchen gehen an den Kleiderschrank der Mutter und ziehen etwas an, das dann nicht genau sitzt – das sieht charmant aus.«

Eine weitere Joop-Erkenntnis: »Guter Stil ist es, souverän mit seinen Fehlern umgehen zu können. Das haben Frauen wie Jennifer Lopez vorgemacht mit ihrem viel zu dicken Arsch. Ich finde das Natürliche, Unzulängliche viel aufreizender als das Glatte.«

Der Kampf zwischen Ideal-Ich und Real-Ich: Über meine gespaltene Stilpersönlichkeit

Es ist Montagmorgen, Frau K. macht sich für einen Tag in der Redaktion bereit. Schon unter der Dusche hat sie sich entschieden, dass an diesem Tag ihr eleganter Bleistiftrock zum Einsatz kommt. Dazu ein schmales, ärmelloses Oberteil aus festem Stoff und die hübschen Peeptoes mit spitzem Absatz und hölzerner Sohle, die Frau K. heute zum ersten Mal ausführen wird.

»Gar nicht so übel«, schmeichelt der Spiegel, und derart freundlich komplimentiert begibt sich Frau K. zur Straßenbahn. Mit ungewohnt kleinen Schritten arbeitet sie sich voran, da der Rock kein zügiges Ausschreiten erlaubt. Frau K. holt tief Luft, leider schnürt das schmale Oberteil ihren Brustkorb ein. Tapfer mit den Holzsohlen klappernd, bewältigt sie das Umsteigen von der Straßenbahn in das U-Bahn-Untergeschoss. Die letzte Strecke von der U-Bahn-Endhaltestelle ins Büro dehnt sich endlos. Mit hochrotem Kopf und Schweißperlen auf der Stirn lässt sich Frau K. auf den Bürostuhl fallen.

Ob es ihr heute Morgen nicht gut gehe, will eine besorgte Kollegin aus dem Büro nebenan wissen. »Es ist alles okay, ich bin nur ein wenig außer Atem«, japst Frau K. Sie kramt ihre Reserve-Flipflops aus der Schreibtischschublade und gesteht sich ein: »Mein Outfit ist heute einfach zu elegant für mich.«

Kein Wunder, denn ich hatte diesen Look für mein

Mode-Todsünden, Lektion zwei

Wer sich in der Schule gar zu beflissen beim Lehrer einschleimte, wurde schnell als Streber entlarvt und zur Zielscheibe von Spott und Ironie. Das Gleiche passiert demjenigen, der in der Mode zu bemüht mit dem Mainstream fraternisiert. Hierzu noch einmal der Designer Wolfgang Joop: »Ich versuche, den Zeitgeist nicht zu treffen, denn der geht vorüber, und dann stehst du dumm da, allein auf der Party.«

Ideal-Ich zusammengestellt. Mein Ideal-Ich, also die Frau, die ich sehr gerne wäre, ist eine Lady, die mit graziös übereinandergeschlagenen Beinen am Computer sitzt und mit perfekt manikürten Nägeln vor der Konferenz noch schnell den Themenplan durchblättert. Das Ideal-Ich orientiert sich an den Diven aus Fassbinder-Filmen. Es muss niemals zu Fuß laufen, denn vor seiner Tür steht stets eine Limousine bereit. »Verhilft mir dieses Kleid zu einem makellosen Auftritt?«, ist die einzige Frage, die es bei der Auswahl seiner Garderobe interessiert. Das Ideal-Ich schwitzt nicht, verschmiert niemals seine Wimperntusche und bewegt sich auf High Heels, als wäre es darin geboren worden.

Wie schade, dass es so ganz anders ist als das Real-Ich, des Ideal-Ichs unperfekte Schwester. Das Real-Ich

galoppiert morgens last minute ins Büro. Manchmal be-
kleckert es sich in der Kantine mit Tomatensauce. Und
kaum trägt es das raffinierte helle Jerseykleid zum ersten
Mal, zeichnen sich unter den Armen im lichtgrauen Stoff
dunkle Schweißflecken ab. Es ist dem Ideal-Ich nicht eben-
bürtig.

Das Real-Ich braucht eine Garderobe, die es morgens blind aus dem Schrank ziehen kann

Psychologisch ist es zwar verständlich, dass 90 Prozent
der Seidenblusen und Chiffonkleider in meinem Schrank
exklusiv für eine Person reserviert sind, mit der ich, wenn
ich mir sehr viel Mühe gebe, 10 Prozent meiner Lebens-
zeit deckungsgleich bin. Aus ökonomischem Blickwinkel
betrachtet ist dieses Verhalten jedoch ruinös. Denn 90
Prozent meiner Zeit trete ich als mein Real-Ich auf. Und
das braucht eine Garderobe, die es morgens blind aus
dem Schrank ziehen und mühelos kombinieren kann.

Es hat mich 30 Jahre meines Lebens gekostet herauszufinden, was das Real-Ich liebt und was es verschmäht.
Und warum. Es trägt zum Beispiel niemals High Heels.
Deshalb braucht es Schuhwerk, das einerseits elegant
aussieht, in dem man andererseits aber ungehindert ausschreiten kann.

Seit ich mit dem Real-Ich Freundschaft geschlossen habe, besteht meine Lieblingsuniform im Winter aus Stiefeln, einem schmalen Rock mit Gehschlitz plus Rollkragenpulli. Alternativ kombiniere ich Pullis zur Marlenehose. Viele Sommer lang suchte ich nach den passenden Sandalen. Als ich sie endlich fand, kaufte ich gleich zwei Paar davon. Sie sind permanent im Einsatz – entweder in Kombination mit luftigen Kleidern oder meiner anderen Alltagsuniform: T-Shirt plus Marlenehose.

»Jede kluge Frau legt sich irgendwann eine Uniform zu«, sagt die Künstlerin Georgia O'Keeffe. Ein Ratschlag, den wir erst in höherem Lebensalter zu schätzen wissen. Er macht unser kompliziertes Leben um so vieles leichter. Alle herausragenden Stilikonen beherzigen diese Weisheit übrigens. Hier ein paar Beispiele zur Inspiration:

3. Das Geheimnis der Stilikonen: Wie man auf raffinierte Weise die Kunst der Wiederholung zelebriert

In den meisten Partnerschaften profitieren Männer von der Modekompetenz der Frauen. Was nicht bedeutet, dass es nicht auch Männer gibt, von denen Frauen eine Menge lernen können. Einer dieser Männer ist Tomas Maier, Chefdesigner des Labels Bottega Veneta. Der gebürtige Pforzheimer lebt in Mailand und Miami, ist als vielbeschäftigter Kreativer und Manager ständig in der ganzen Welt unterwegs. Bei einem Gespräch, das ich für *Elle* anlässlich der Lancierung einer neuen Kollektion in Mailand führte, verriet er das Geheimnis seines Kleidungs-Managements. »Zu viele Sachen zu horten, lähmt Menschen«, sagte Maier. Er selbst besitze eine überschaubare Anzahl an Cashmere-Pullovern und eine überschaubare Anzahl an Hosen mit identischem Schnitt, die er in regelmäßigen Abständen ersetzen würde. Wer seine Garderobe so klug managt, ist immer perfekt angezogen, ohne sich übermäßig viele Gedanken über seine Erscheinung machen zu müssen.

Die Malerin Georgia O'Keeffe etwa trug, wenn sie im Atelier ihres Anwesens »Ghost Ranch« in New Mexico malte, abwechselnd ein weißes oder ein schwarzes Wickelkleid. »Fuhr sie in die Stadt, zog sie eines ihrer Kostüme an«, berichtete eine ihrer Angestellten in einem Film über die Künstlerin. »Bei offiziellen Anlässen bevorzugte sie ein maßgefertigtes schwarzes Herrenjackett.«

Manchmal spürt man nach vielen Jahren, in denen man seinen Wohlfühl-Look kaum verändert hat, dass die Zeit reif ist für eine Transformation. Man entwickelt – angepasst an die neue Seelenlage – seine Stilpersönlichkeit weiter. So stellte etwa die Schauspielerin Charlotte Rampling – früher bekannt für ihren mädchenhaften Sex-Appeal – ihren Look in mittleren Jahren um und bezaubert jetzt durch erwachsene Sinnlichkeit. »Früher experimentierte ich mit Farben, Materialien, Miniröcken. Alles, was ›mini‹ war, fand ich einfach großartig.« Heute füllen Hosen von Jil Sander, androgyne Anzüge von Yoh-ji Yamamoto und rund 20 Paar Herrenschuhe den Schrank ihrer Pariser Wohnung.

Manche Frauen entwickeln ein bestimmtes Marken-zeichen, das man automatisch mit ihnen in Verbindung bringt. »Du stehst für schöne Mäntel«, bestätigt einem das Umfeld dann beispielsweise. Vielleicht ist es auch die signalrote Lippenstiftfarbe, an die man sofort denkt, wenn ein bestimmter Name fällt.

Im warmen Klima Afrikas ist ein Anzug wenig zweckmäßig. Deshalb erfand Nelson Mandela eine attraktive Alternative – ein buntes Hemd

Meist sind es ganz pragmatische Gründe, die uns dazu bringen, einen besonderen Signature-Look zu entwickeln. Der Friedensnobelpreisträger Nelson Mandela verwei-gerte bei offiziellen Terminen den üblichen Anzug und entschied sich für ein aus typischen Stoffen seines Heimat-landes geschneidertes Hemd. Er fand, dass ein Anzug im warmen Klima Afrikas wenig zweckmäßig sei. So ent-wickelte er eine ebenso kleidsame wie praktische Alterna-tive, die zu seinem Markenzeichen wurde.

Die große Meisterin der stilvoll zelebrierten Kunst der Wiederholung war allerdings Jackie Kennedy. Sie war dafür bekannt, dass sie bestimmte Teile – zum Beispiel schlichte Jacken oder Kleider – immer wieder anzog. Ein bestimmtes Nadelstreifenkostüm war ihr bevorzugtes Outfit für große Meetings, eine Kombination von ewig gleichen Hosen und Seidenblusen war ihre Alltagsuniform in ihrem Job als Lektorin bei Viking Press.

Geben Sie also ruhig dem Impuls nach, von einem Paar Schuhe mit der idealen Absatzhöhe oder dem T-Shirt mit dem perfekten Rundhals-Ausschnitt gleich zwei Exemplare zu kaufen. Denn die in diesem Kapitel vorgestellten Wiederholungen sind keine Fashion-Fauxpas, sondern der Schlüssel zu Stil. Damit man bei aller Treue zu seinem persönlichen Look nicht zur Parodie seiner selbst wird, sollte man sich und sein Umfeld öfter mal überraschen. Mit einem neuen Detail, einer revolutionären Frisur oder einer radikalen Neudefinition der vertrauten Silhouette.

Die legendäre ehemalige Chefredakteurin der deutschen Ausgabe von *Architectural Digest*, Margit J. Mayer, machte ihr Heft – indem sie dieser Strategie folgte – zum Liebling aller Leser und Anzeigenkunden. Wann immer eine Rubrik dieses Magazins in Schönheit zu erstarren drohte, schaffte Mayer sie kurzerhand ab. »Aber warum tun Sie das, die Leser lieben diese Seiten!«, fragten die Redakteure, wenn Mayer das Heft wieder einmal einer Transformation unterzog. »Die Leser lieben die Seiten? Gerade deshalb kippe ich sie ja raus«, sagte Mayer. »Denn wer immer nur die Erwartungen der anderen erfüllt, wird langweilig und gerät bald in Vergessenheit.«

Das Geheimnis ewiger Jugend:
ein Touch Nachlässigkeit

»All that people are interested in are people«, hat die legendäre *Vogue*-Chefredakteurin Diana Vreeland einmal gesagt. Deshalb zeigte sie in der *Vogue* nicht nur großartige Mode – sondern auch Männer und Frauen, die durch ihren Esprit und ihren Stil die Welt bewegen. Denn wir Menschen sind Flaneure und Voyeure. Nichts interessiert uns mehr, als anderen Menschen beim Leben zuzusehen.

Wer einen unterhaltsamen Abend verbringen und dabei viel über die Stadt München erfahren will, sollte zum Dinner mal einen Tisch im Restaurant Brenner in der Maximilianstraße reservieren. Das Essen ist dort nicht ganz billig, dafür sieht man nur an wenigen anderen Orten in Deutschland so viele teuer gekleidete Menschen. Die neuesten Kollektionen von Prada, Louis Vuitton oder Hermès – hier sind sie alle zu sehen. Es gibt Frauen, die an einem solchen Abend – Handtasche nicht mitgerechnet – ein Outfit im Wert von 20 000 Euro spazieren tragen. Und trotzdem ging es mir an den wenigen Abenden, die ich dort verbrachte, kein einziges Mal so, dass ich das Lokal verließ und dachte: »So wie die Frau an Tisch 17 würde ich auch gerne aussehen.« Denn so erlesen die vorgeführten Garderoben auch sind – es ist alles ein bisschen zu viel und ein bisschen zu perfekt. Eine wirklich gut angezogene Frau erkennt man hingegen daran, dass sie ihren Look mit einem Touch Nachlässigkeit zusammenstellt.

Daran musste ich auch denken, als ich an einem ziemlich kühlen Frühlingstag in einem Pariser Hotel der Schauspielerin Jane Birkin gegenübersaß. Sie hatte eine neue CD herausgebracht und erzählte in einem kleinen Nebenraum Journalisten in halbstündigen Einzelinterviews, wie glücklich sie darüber war, dass sie im Alter von 60 Jahren die Gelegenheit bekommen hatte, noch einmal einen ganz neuen musikalischen Stil auszuprobieren. Sie hatte einen heftigen Schnupfen, was man ihrer Stimme anhörte. Ihre Haare waren auf sehr kunstlose Weise durchgestuft, und die Brille mit dem runden Gestell, die sie im Gespräch gelegentlich auf- und absetzte, war ebenso unauffällig wie ihr schlammfarbener Pulli.

Mit jedem Detail ihrer Erscheinung spielte Jane Birkin ihre Schönheit herunter. Und trotzdem saß ich selten einer auf so individuelle und unangestrengte Weise gut aussehenden Frau gegenüber. Schon wahr, dieses Sexsymbol der 60er-Jahre ist mit außergewöhnlichen Genen gesegnet, die Architektur ihres Gesichts mit der leicht vorgebauten Mundpartie ist so genial konstruiert, dass nirgendwo etwas absacken oder hängen kann.

Und trotzdem lernte ich in dieser Begegnung etwas über das Geheimnis wirklich schöner Frauen und über die Kunst des graziösen Alterns, das auch Menschen mit weniger begnadeten Genen zu einem »Natural-Beauty-Look« verhilft.

Jane Birkin tut so, als sei ihr ihr Aussehen gleichgültig – als wisse sie nicht, dass dünne Haare und dunkle Schatten unter den Augen kosmetischer Abhilfe bedürfen. Dass Wimpern erst dicht, lang und geschwungen schön sind. Und eine Frau erst begehrenswert ist, wenn sie mindestens Körbchengröße B braucht.

Doch wer einmal vom Baum der Erkenntnis genascht hat, der malt und stylt, pinselt und sprüht, lackiert und repariert – und schaut bald so perfekt wie alt aus. Mit 14 wussten wir das noch. Da konnten wir mit Lippenstift & Co. glatt zwei, drei Jahre dazumogeln. 20 Jahre, 30 Jahre später sitzen wir im Kino und würden gern so rüberkommen wie Kristen Stewart in der *Twilight*-Saga – taufrisch wie der junge Morgen, mit einer subtilen Erotik, die die besseren Seiten der Männer weckt.

Das geht. Die wichtigste Regel: Less is more – weniger ist mehr. Das gilt vor allem für die Frisur. Selbst 18-Jährige schauen frisch vom Friseur oft 10 Jahre älter aus. Superexakte Schnitte, dazu das Styling des Meisters – so viel Perfektion vernichtet den Eindruck jugendlicher Unbekümmertheit. Erste Hilfe im Salon: selber föhnen, weil man es selbst nie so perfekt hinbekommt wie der Maestro. Lieber keine extremen Haarfarben und aufwendigen Frisuren – dazu braucht man meist ein aufwendiges Make-up. Besser: ein paar Highlights wie von der Sonne gebleicht.

Sanfte Farben, fließende Stoffe:
Alles, was weich ist, macht jung

Dass weniger mehr ist, gilt auch beim Make-up. Wer eine Schnute wie Jane Birkin mit gestülpter Oberlippe hat, ist gut dran: So sieht man immer aus, als hätte man vor ein paar Monaten noch am Daumen gelutscht. Die anderen malen sich mit einem Konturenstift, der kaum dunkler als die Lippen sein sollte, eine saubere, weich gerundete Linie. Dazu transparenter Lippenstift oder Gloss. Macht selbst übernächtigte Augen klar: ein zarter Lidstrich oben und unten, Schwung für die Wimpern und ein Tupfer weißer Lidschatten im inneren Augenwinkel. Die Haut sollte möglichst ungeschminkt aussehen: getönte Tagescreme, wenig Puder, etwas Rouge. Nur grobe Hautunreinheiten werden abgedeckt. Schwierig: Teint-Grundierungen mit einem hohen Puderanteil, bunte Lidschatten.

Alles, was weich macht, ist die Devise beim Outfit. Also: sanfte Farben, fließende Stoffe, schmeichelnde Schnitte. Alles, was betont sexy ist, wirkt aggressiv. Wenn schon Minis, dann in der sportlichen Variante mit flachen Schuhen und Polo-Shirt. Röcke knöchellang oder knieumspielend. Wadenlang schaut schnell nach Gouvernante aus. Hosen entweder ein bisschen zu kurz oder extralang, sonst wirkt es zu korrekt. Weiche Jacken, viel Strick, kein verspielter Firlefanz! Subtil erotisch: ein bisschen Schulter statt Dekolleté zeigen, einfache Hemdchen unter Strickjacken, Wickeloberteile. Schuhe: eher flach, zierlich, wenn Pumps, dann auf keinen Fall madamig oder allzu sexy. Verboten: alles Schrille, Laute, Grelle, Poppige und »Witzige«. Das T-Shirt mit der aus Jettsteinen aufgeklebten Aufschrift »Sorry, but I am the Queen« bekommt die Nichte.

Der Lady-Code.
Acht unverwüstliche Weisheiten zum Thema Stil

Wie kommt es eigentlich, dass wir oft so gerührt sind, wenn wir Fotoalben aus den 50er-Jahren durchblättern und alte Familienfotos anschauen? Wir betrachten die Damen, wie sie mit gekreuzten Beinen auf zierlichen Sofas sitzen. Wir bewundern ihre Wespentaille und den Tellerrock, den die Tante wie ein Kunstwerk rechts und links von sich drapiert hat. Und wir ahnen: Was uns beim Anblick dieser Bilder so bewegt, ist das, was man nicht sieht. Die halbe Stunde, die das säuberliche Aufstecken des Haars gekostet hat. Die ruhige Hand, die dieser Schwung im Lidstrich braucht. Die Besuche bei der Schneiderin, bis der Rock genau die richtige Länge hat. Das hat ein wenig mit eigener Eitelkeit zu tun, aber viel mehr mit Respekt. Vor den anderen, denen man nur in Bestform begegnen will.

Stil ist kein Geheimnis. Sondern eine Frage der Aufmerksamkeit und der Kunst, sich selbst wichtig zu nehmen.

Alles, was andere sehen, spricht für Sie. Noch bevor Sie den Mund aufmachen können, um zu erklären, wer Sie wirklich sind. Ob Sie Hosen oder Röcke tragen, ob Sie klein oder groß sind, ein paar Pfunde zu viel oder wenig zeigen – Körperhaltung und Körpersprache verraten alles. Unterstützt werden diese beiden aussagekräftigen Signale durch eine gute seelische und körperliche Kondition. Und die ist nicht allein durch Biokarotten, Jogging und Dauerlächeln zu erreichen. Diese Kondition verlangt nach etwas mehr persönlichem Einsatz: Spaß am Leben, Wachheit und Lust auf richtige Überraschungen. Hilfreich ist es auch, einige unverwüstliche Weisheiten zu kennen. Sie sollen hier verraten werden:

1. Die richtige Auswahl treffen

Das Wort Eleganz stammt vom lateinischen *eligere* und bedeutet »auslesen, auswählen«. Daher kommt auch das französische Wort *élire*, das verwandt ist mit dem lateinischen *intellegere*: mit Sinn und Verstand wahrnehmen, erkennen, einsehen. Ein eleganter Mensch versteht, dass die Entwürfe, die die Designer auf den Laufstegen zeigen, für Frauen gemacht sind, die mindestens 1,80 Meter groß sind und niemals Hunger haben. Das trifft auf die Wenigsten zu. Kümmern Sie sich also nicht um die Laufstegidole, sondern um die Vorzüge, die Ihr Körper zu bieten hat. Sie haben schöne Beine? Herzeigen, auch wenn weite Hosen gerade hip sind. Ihr Stolz ist Ihre Taille? Ziehen Sie Hosen an, die genau dort und nicht auf der Hüfte sitzen. Dazu schmale Pullis. Ihre Oberarme sind sehnig und definiert wie Zwillings-Skulpturen? Dann zeigen Sie den anderen: Oberarme sind das neue Dekolleté. Wenn Sie Ihr Gesicht lieber mögen als Ihre Figur, tragen Sie schlichte Outfits und betonen Sie Make-up, Hairstyling und Accessoires. Belohnen Sie das, was Sie an sich mögen.

2. Sich selbst vertrauen

Stil und Mode sind wie Apfelstrudel und Vanillesauce – Basic und leckeres Dekor. Manchmal scheint es einfacher, sich an vorgegebenen Trends zu orientieren, als sich selbst zu vertrauen. Schade, denn Letzteres ist das Geheimnis guten Stils. Zwei Fragen sollten Sie sich stellen: Erstens: Wie wollen Sie auf Ihre Umgebung wirken? Zweitens: In welchen Outfits fühlen Sie sich am wohlsten? Benutzen Sie als Trittbrettfahrer den Stil Ihres Lieblingsdesigners. Wer Versace liebt, spielt gern mit seinem Sex-Appeal. Jil-Sander-Fans mögen es schlicht, aber raffiniert. Das bedeutet nicht, dass Ihre Garderobe auf Highclass-Labels aufgebaut sein muss. Im Idealfall haben Sie einfach ein Bild im Kopf, auch wenn Sie bei H&M shoppen. Das Ergebnis: Alles passt zusammen und zu Ihnen.

3. Attitüde entwickeln

Stil besteht aus zwei Komponenten: Die eine ist sichtbar, die andere spürt man. Die Grundlage: Selbstbewusstsein. Kultivieren Sie vermeintliche Schwächen und kreieren Sie so Ihr persönliches Markenzeichen. Sie lieben zum Beispiel protzigen Schmuck, obwohl der gerade nicht angesagt ist? Machen Sie aus Ihrem persönlichen Geschmack eine Attitüde: Tragen Sie bitte die größten, aber auch Ihre schönsten Steine, und zwar mit Grandezza. Nichts anderes betreiben Trendsetter, die plötzlich als Stilikonen gehandelt werden. Sie halten sich für wesentlich. Auch wichtig: Betrachten Sie das Leben als Fortbildungsmaßnahme in Sachen Eleganz. Lernen Sie dazu. Und tun Sie Dinge, die Bestand haben, etwa mit echter Tinte Briefe schreiben. Das ist Klasse, die auf jeden Fall einen Empfänger hat.

4. Das Profil schärfen

Der Umriss ist das Erste, was wir wahrnehmen. Und er entscheidet, ob man genauer hinsieht. Das gilt für Mode wie für moderne Architektur. Der Architekt Frank O. Gehry sagt: »Eleganz kann entstehen, wenn Details wie Farbe und Material gewählt sind und dann der Moment der Wahrheit entscheidet, ob alles zusammen eine besondere Silhouette ergibt.« Übersetzt in Mode bedeutet dies: Das Geheimnis einer schönen Silhouette ist eine schmale Grundlinie. Also weder riesige Kragen noch breite Schultern. Besser: ein locker sitzendes T-Shirt oder ein Pulli, kombiniert zum lose fallenden Maxirock. Eine weitere wirkungsvolle optische Täuschung: uni vom Scheitel bis zur Sohle. Und suchen Sie nach Ihrem persönlichen Zauberschnitt. Er taucht in jeder Saison versteckt auf.

Eine besonders bewährte Variante, die den unterschiedlichsten Figurtypen schmeichelt, ist das in vielen Kollektionen zu findende knielange, locker und schmal fallende Jerseykleid mit V-Ausschnitt in Wickeloptik. Bei diesem Dress sitzt die Taille nicht an der natürlichen Stelle, sondern wie beim Empirekleid unterhalb des Busens. Die 2,3 Kilo, die sich in mittleren Jahren am Bauch ansammeln, werden durch den Schnitt elegant kaschiert.

5. Das Leben lieben

Der Look stimmt, Sie kleiden sich nie von Kopf bis Fuß in eine Marke – lebende Schaufensterpuppen mögen nicht mal die angesehensten Designer – und Sie haben hoffentlich noch anderes im Kopf als Klamotten und Ihr Aussehen. Gut so! Denn das wirkliche Leben bevorzugt Spielplätze, bei denen das Outfit nebensächlich ist. Je mehr dieser Spielplätze Ihnen zur Verfügung stehen – Spielplätze, auf denen Sie sich fordern, sich austoben, relaxen, Beziehungen knüpfen, sich streiten, versöhnen, Abenteuer erleben können –, umso unabhängiger werden Sie von dem Modediktakt, das durch einen kommerziellen Teufel versucht, uns in Fashion-Victims zu verwandeln.

6. Stilbrüche riskieren

Jede Frau besitzt einen eingebauten Seismografen, der ausschlägt, wenn sie sich auf fremdem Terrain bewegt. In zwischenmenschlichen Beziehungen reagiert das Alarmsignal meistens perfekt, bei modischen Eskapaden klingelt es immer zu früh. »Verbot«, schrillt die Glocke, wenn die coole Jil-Sander-Frau nach dem Federtäschchen greift. »Gift«, brüllt das Céline-Outfit angesichts einer Versace-Tasche. Von welcher Stilpolizei lassen wir uns da dirigieren? Nein, wir toben Fantasie und Spieltrieb aus – wir gehen fremd. Bei den Accessoires kann man üben; das zahlt sich bei den Basics aus.

7. Spannung erzeugen

Das »gewisse Etwas« heißt nur so, weil keiner in Worte fassen kann, was genau das ist. Das Ziel: mit wenig Einsatz großartig wirken. Das Rezept: Raffinesse. Und das ist selten die Einzelleistung eines Kleidungsstücks, auch nicht das Ergebnis Ihres Kombinationstalents – es ist die traumwandlerische Sicherheit, mit der Sie eine Spinne aus violetten Strasssteinen auf die Schulter eines cool geschnittenen Männeranzugs setzen. Passt nicht hin und passt doch. Experimente sind das A und O. Zum Beispiel grobe Filzpantoffeln zu einem Satinrock im Samurai-Stil, ein zartes Tüll-Top zum Tweedrock oder Rot zu Camel. Reibung erzeugt Spannung. Manchmal muss man vor dem Spiegel die Augen zusammenkneifen wie ein Künstler, der sein Werk überprüft. Nicht das Detail entscheidet, sondern der Gesamteindruck.

8. Eine Prise Verrücktheit zulassen

Jedes Mal, wenn ich den Kleiderschrank öffne, fällt sie mir ins Auge, die zitronengelbe, transparente Chiffonbluse. Wunderschön, aber extrem empfindlich. Vor zwei Jahren gab ich ein kleines Vermögen für sie aus, getragen habe ich sie seitdem kein einziges Mal. Durch die Brille der Vernunft betrachtet, war das keine gute Investition. Mein einziger Trost ist, dass irgendwo da draußen zwischen Kiel und Starnberg Millionen Seelenverwandte sitzen, die sich ähnlich irrational verhalten wie ich. Nur 10 Prozent unserer Garderobe tragen wir tatsächlich, habe ich kürzlich irgendwo gelesen. Ist das nicht verrückt?

Im Gegenteil, hinter diesem Verhalten steckt eine spezielle Logik, behauptet der kanadische Anthropologe Grant McCracken in seinem Buch »Culture and Consumption«. Eine Bluse ist, laut McCracken, manchmal nämlich mehr als eine Bluse. Gelegentlich kaufen wir ein Kleidungsstück, weil es für uns bestimmte Werte, Träume und Sehnsüchte verkörpert. Ein Paar Cowboy-Boots symbolisieren etwa unseren Wunsch nach mehr Freiheit und Abenteuern. Die Stiefel haben die Funktion, diesen Traum lebendig zu halten. Die Schlussfolgerung aus dieser Erkenntnis: Die ideale Garderobe enthält einen Mix aus 80 Prozent Wohlfühl-Looks, 15 Prozent Verrücktheit und 5 Prozent Nostalgie.

In der Abteilung Wohlfühl-Looks befinden sich all die Stücke, zu denen wir automatisch greifen, wenn wir morgens spät dran sind. Weil sie perfekt und komfortabel sitzen. Weil sie sich mühelos mit anderen Lieblingsstücken kombinieren lassen. Weil ihr Farbton uns auch dann frisch aussehen lässt, wenn wir kein Make-up tragen.

Abteilung zwei reflektiert unsere gelegentlichen Ausbrüche in das Reich von Exzentrik und Eigensinn. Etwa 15 Prozent der Outfits und Accessoires in unserem Schrank sollten Stücke mit Wow-Effekt sein: ein Pencilskirt aus Metallic-Stoff, ein schräges Oberteil vom Designer Gareth Pugh, ein Mantel mit Tapetenmuster. Vielleicht ziehen wir diese Fashion-Highlights niemals an. Trotzdem brauchen wir sie. Um uns daran zu erinnern, dass wir – auch wenn man es uns gerade nicht ansieht – im Herzen eine Diva sind.

Auch ein Quäntchen Nostalgie darf in der Garderobe der modernen Kosmopolitin nicht fehlen. Das Top, das wir trugen, als wir unseren Liebsten kennenlernten, das Cocktailkleid aus Samt, ein Erbstück von Oma. 5 Prozent solcher mit Erinnerungen aufgeladener Stücke bilden den Schatz eines jeden Kleiderschranks. Sie bleiben ein fester Bestandteil unseres Lebens, auch wenn sie nicht mehr perfekt sitzen, denn sie schaffen die Verbindung zwischen unserem früheren und unserem aktuellen Ich.

Warum Sie sich vor Menschen hüten sollten, die Ihnen einen rosenholzfarbenen Lippenstift verkaufen wollen

DIE ANKÜNDIGUNG in der Tageszeitung versprach ein Fernseh-Highlight: Am Samstagabend würde eine Folge der Serie »Wilsberg« gezeigt, mit dabei sei eine Schauspielerin, die man schon lange nicht mehr gesehen hätte. Sie hatte Ende der 80er-Jahre in vielen wichtigen deutschen Filmen mitgespielt, müsste inzwischen auch um die 50 Jahre alt sein. Kein Mainstream-Typ, ein Star mit unverwechselbarem Gesicht und einer besonderen, femininen Aura. Man freute sich aufs Wiedersehen. Doch als sie schließlich auftauchte, starrte man sie fassungslos an.

Ihr Körper war immer noch schlank und wohlproportioniert, doch ihr Gesicht erschien seltsam rund, die Mundpartie verfremdet, die Lippen wölbten sich unnatürlich prall nach vorn. Sie war ganz offensichtlich einem Beauty-Doktor in die Hände gefallen. Man sah sie an und empfand Mitleid: Was für ein Druck musste auf ihr lasten, was für eine Verzweiflung musste sie geschüttelt haben, dass sie sich so hatte zurichten lassen?

Der Botox-Wahn: Wie Hautärzte zu Millionären wurden und Frauen ihr Gesicht verloren

Schon immer nahmen Menschen allerlei auf sich, um schöner auszusehen, als sie von Natur aus sind. Cleopatra badete in Eselsmilch, bereits im alten Rom wurden Haare gefärbt und Falten geglättet. Wir alle arbeiten mit Zahnbürste, Kamm, Kosmetik und Garderobe jeden Morgen darauf hin, unseren Mitmenschen ein angenehmer Anblick zu sein. Doch das, was der Schauspielerin angetan worden war, erfüllte den Tatbestand der Körperverletzung. Was ist da bloß passiert?

Als ich in der zweiten Hälfte der 90er-Jahre bei einem Boulevard-Magazin arbeitete, konnte ich live mitverfolgen, wie die Pioniere unter den Hautärzten entdeckten, dass man mit Botox und Hyaluronsäure fantastische Geschäfte machen kann. Ich wollte mir damals einen Abszess am Rücken entfernen lassen. Eine Kollegin riet: »Geh doch mal zu Doktor X, er hat eine hübsch eingerichtete Praxis am Münchner Gärtnerplatz.« In einer drei Minuten dauernden Kurz-Sprechstunde machte Dr. X mir schnell klar, dass das Entfernen dieser Hautwucherung unter seiner Würde sei. Man müsse einen Operationstermin ausmachen. Die betroffene Stelle würde vermutlich nie wieder ganz glatt werden. Ich könne ja mal mit seiner Sprechstundenhilfe einen Termin ausmachen. Aber in den nächsten Monaten wäre da vermutlich wenig zu machen.

Später begriff ich auch, warum Dr. X an der Versorgung von Abszessen wenig Interesse hatte. Damals herrschte Goldgräberstimmung unter Münchner Dermatologen. Das neue Wundermittel Botox, ein Nervengift, mit dem man die Stirnmuskeln lähmen und auf diese Weise Falten glätten kann, wurde langsam populär. Lange Zeit hatten es sich nur ein paar unerschrockene Avantgardistinnen spritzen lassen. Jetzt trauten sich immer mehr Frauen, es auszuprobieren.

Die Wirkung hält nur wenige Wochen an, die Behandlung muss danach wiederholt werden – was dieses Business für Ärzte besonders unwiderstehlich macht. Was schert sie der Hippokratische Eid und das öde dermatologische Tagesgeschäft der Psoriasis-Behandlung und des Muttermal-Screenings? Mit Botox und den zur gleichen Zeit in Mode gekommenen Faltenauffüllern wie Hyaluronsäure ließ sich richtig gut Geld verdienen.

Schnell sprach sich herum, dass mein Münchner Abszess-Phobiker sich neuerdings in einer interessanten Marktlücke tummelte. Innerhalb weniger Jahre wurde er – auch dank der Mitwirkung begeisterter Journalistinnen – zum Beauty-Guru hochgejazzt. Viele Nachfolger kopierten sein Geschäftsmodell.

Die Auswirkungen dieses Booms sieht man inzwischen

in jeder deutschen Provinzstadt, besonders deutlich aber im Straßenbild der Metropolen München und Berlin. Die Gesichter eines bestimmten Typs Dame sind nach dem gleichen, typischen Idealbild modelliert: glatte Stirnen, pralle Wangen, leicht vorgewölbte Entenschnabel-Lippen, die Köpfe gerahmt von aufwendig geföhntem, meist blondiertem Haar.

Die Sprache hat bereits ein schönes Wort für das hervorgebracht, was einem auffällt, wenn man Fotos von Madonna, Nicole Kidman und Carla Bruni betrachtet: Pillow Face. Weil die Wangenpartie durch Injektionen von Hyaluronsäure oder Eigenfett aufgepolstert wird, sieht die Haut in den entsprechenden Bereichen zwar wieder straff aus – allerdings erinnern diese Bäckchen aus der Nähe betrachtet an etwas zu dick gefüllte Sofakissen.

Schöne Aussichten

Die Zukunftsforscherin Europa Bendig berät Kosmetikkonzerne und erkundet mit den Mitarbeitern ihrer Hamburger Agentur »Sturm und Drang«, welche Phänomene unser Konsumverhalten beeinflussen. Eine sympathische Erkenntnis, die dabei herauskam: »Schönheit berührt uns besonders dann, wenn sie einen Makel hat.« Bendig glaubt, allzu Glattes und Perfektes wird künftig nicht mehr gefragt sein. Wir weinen Barbie keine Träne nach.

Lebensziel: ein perfekter Körper.
Wie der Kapitalismus die Beziehung
zu uns selbst verändert

Nirgendwo ist das Phänomen der Pillow Faces so verbreitet wie im Showbusiness. »Oft kommt es vor, dass ich eine Frau schminke, die ich ein paar Jahre nicht gesehen habe. Und ich registriere, dass die Lippen extrem aufgeworfen sind. Die Partie um den Mund herum ist molliger. Das Gesicht wirkt wie aufgepumpt«, berichtet ein New Yorker Starvisagist, der Schauspielerinnen vor ihren Auftritten verschönert. »Ich nenne es Fillorexia.« Schon warnt einer der besten plastischen Chirurgen in New York, Dr. Sherrell Aston, vor den Folgen dieser neuen Mode: »Das Gefährliche an dieser Prozedur: Hat man erst einmal eine Überdosis Filler im Gesicht, kann man nicht mehr zum natürlichen Zustand zurück.«

Man kann die Sucht nach dem glatten Gesicht als oberflächliches Phänomen belächeln – aber auch als Anzeichen eines kulturellen Wandels sehen. Die israelische Soziologin Eva Illouz hat in ihrem Buch »Warum Liebe weh tut« gezeigt, wie sehr die Mechanismen des Spätkapitalismus auch unsere Beziehungen zu den Menschen in unserem Umfeld prägen. Der Boom des Botox-Business ist ein Hinweis darauf, dass der Kapitalismus auch unsere Beziehung zu uns selbst verändert. Je stärker die Gesellschaft in Splittergruppen zerfällt, je unaufhaltsamer der Wohlstand zerbröselt, desto straffer werden Bäuche und Gesichter. Der Mensch muss sich auf dem Markt wie eine Ware anbieten. Dabei wurden in den letzten Jahrzehnten die Qualitätsstandards immer mehr in die Höhe geschraubt.

Die Figuren vieler Stars, die in den 50er- und 60er-Jahren das Publikum begeisterten, würden den heutigen ästhetischen Standards nicht mehr genügen. Marilyn Monroe, Gina Lollobrigida und Sophia Loren bekämen von ihren Agenten eine Diät verordnet, vermutlich würde ihnen auch nahegelegt, täglich zu joggen, um etwas gegen ihre Cellulite zu tun.

»Forever faltenfrei« lautet der neue ästhetische Imperativ

Wer im Showgeschäft überleben will, muss sich gnadenlos kasteien, bis er sich als perfektes, medienkompatibles Produkt präsentieren kann. Inzwischen wird das aber auch von denen verlangt, die in einem ganz normalen Job noch ein paar Jährchen mitmachen wollen. »Wer heute nicht mindestens fünf, zehn Jahre frischer wirkt, als er laut Personalausweis müsste, der ist aus dem Spiel«, schreibt Ulrike Posche in einem *stern*-Artikel über neue Methoden der Faltenreduzierung. »Das Zeitalter der Globalisierung hat uns nämlich nicht nur eine Menge Internetfreunde, Desperate Housewives und hawaiianisches Tafelwasser gebracht. Es hat uns vor allem die ›Ökonomisierung des Sozialen‹ beschert.« So nennen das Wissenschaftler. Alle Bereiche würden davon erfasst, bis in die »private parts«, bis ins Intime. Gerade sind wir dabei, auch unsere Gesichter zu Profitcentern zu machen. Denn wir werden in unseren Jobs alt und älter werden. Doch niemand wird die Jahresringe an unseren Hälsen sehen wollen. »Forever Young« – das wird künftig nicht bloß ein Song von Bob Dylan sein. Nein, es wird unser Auftrag. Ein gesellschaftlicher Imperativ: »Work long, stay young.«

Mehr als Männer müssen Frauen sich anstrengen, den immer gnadenloseren Standards zu genügen. »Männer dürfen moderieren, bis ihnen die Zähne ausfallen und sie scheintot aus dem Studio getragen werden. Bei uns Frauen wird es Anfang, Mitte 50 ein bisschen schwieriger«, beobachtet die Autorin und Fernsehmoderatorin Amelie Fried.

Wohin aber führt es, wenn wir uns jetzt alle die Gesichter und Körper nach fragwürdigen Idealen modellieren (lassen)? Sind es überhaupt unsere eigenen Ideale? Und finden wir das Ergebnis wirklich schön?

Das Individuum in der Normierungsfalle: Kate Winslet ist jetzt dünn und platinblond

Nach einem Gespräch mit der Schauspielerin Kate Winslet hatte ich viel Zeit, über solche Fragen nachzudenken. Winslet hatte in Zusammenarbeit mit einem Kosmetikkonzern eine Make-up-Linie entwickelt. Aus diesem Anlass wurden in Madrid Interviews mit ihr arrangiert. Wir Journalisten warteten in einem Vorraum zu ihrer Suite. Um uns einzustimmen, wurde auf einem Flachbildschirm der Werbefilm für Kate Winslets Lippenstifte und Nagellacke gezeigt. Darin räkelte sie sich dezent nackt zwischen weißen Bettlaken, ihr Haar war extrem blondiert, sie war sehr schlank. Und in ihrem Gesicht konnte man den Star aus »Titanic« kaum wiedererkennen. Sie sah unfassbar schön aus – aber überhaupt nicht wie Kate Winslet. Eher wie ein Mix aus Marilyn Monroe, Grace Kelly, Gwyneth Paltrow, Michelle Williams und January Jones. Sie sah aus wie der Prototyp einer Hollywood-Blondine. Ihr Gesicht war ausdrucksvoll und ebenmäßig, aber – verwandelt durch die Künste eines Make-up-Experten – völlig entindividualisiert.

Egal, ob es um ein Körpertraining geht, um einen chirurgischen Eingriff oder um eine Make-up-Beratung: Sollten Maßnahmen, die zu unserer Verschönerung dienen, nicht eher die Merkmale hervorheben, die uns von anderen unterscheiden, die uns wiedererkennbar machen? Tatsächlich aber, so scheint es, geht es bei solchen Eingriffen eher darum, Individuen auf Norm zu trimmen. Das geht so weit, dass Frauenzeitschriften allen nicht mehr ganz jungen Leserinnen unisono zu einer Lippenstiftfarbe raten: Rosenholz.

Mit diesem unauffälligen Passepartout-Ton, so wird suggeriert, geht eine Frau mittleren Alters auf Nummer sicher. Allerdings stellt sich auch hier die gleiche prinzipielle Frage: Warum soll eine Frau, die ihr Leben lang knallige Töne liebte, plötzlich optisch auf Tauchstation gehen? Warum soll, was der Lady optimal steht, auch für die Exzentrikerin das Richtige sein? Warum soll eine Individualistin, die mehrere Jahrzehnte damit zugebracht hat, sich selbst zu behaupten und sich von anderen abzugrenzen, plötzlich mit der gleichen Lippenfarbe durch die Straßen ihrer Stadt laufen wie ihre Nachbarin?

Das Geheimnis von Stil: wesentlich werden

Welches Bild der älter werdenden Frau verbirgt sich hinter diesen Empfehlungen? Erklingt da am Ende gar der stille Befehl: Werde unsichtbar? Was wäre eine angemessene Form, sich der Standardisierung zu entziehen? Wie leistet man auf elegante Weise Widerstand?

Wie jedes wahre Abenteuer beginnt auch dieses im Kopf: Es geht darum, den Fokus unserer Aufmerksamkeit

»Ich will keinen flotten Kurzhaarschnitt«

Etwa um die Zeit der Wahl des amerikanischen Präsidenten Anfang November 2012 war in der Süddeutschen Zeitung ein Foto von Hillary Clinton abgedruckt. Sie trug einen blauen Blazer über einer hübschen blauen Rüschenbluse. Viel interessanter jedoch war ihre Frisur: Ihr blondes Haar war aus dem Gesicht gekämmt, es fiel glatt bis über ihre Schultern. Wie so viele Frauen, so erinnerte ich mich, war auch Clinton in früheren Jahren nicht immer im Reinen mit ihren Haaren gewesen, hatte sogar öffentlich zugegeben, sie sei »ihr Leben lang auf der Suche nach der richtigen Frisur gewesen«. Sie scheint sie gefunden zu haben. Die glatten langen Haare sehen gut aus. Und dennoch ist es heutzutage ein Akt des zivilen Ungehorsams, als Frau über 40 die Haare lang zu tragen.

Selbst gute Friseure betrachten so viel Eigensinn als Beleidigung ihrer Zunft, hat die mit taillenlangen Haaren gesegnete Kollegin Susanne Schäfer in der Zeitschrift Donna festgestellt. »Gerade die angesagtesten Style-Gurus verbreiten die mottigsten Sprüche à la ›lange Haare machen alt‹ und legen ihren Kundinnen nahe, auf etwas ›Pfiffi-

ges‹, ›Pflegeleichtes‹ umzusteigen.« Die Kollegin
revanchiert sich mit einer sehr subtilen Rachestra-
tegie: Alle acht bis neun Monate trägt sie ihre
Prachtmähne zum angesagtesten Coiffeur der
Stadt. Dort fordert sie vom konsternierten Meister:
»Einmal Spitzen schneiden, bitte.« Manchmal sind
eben drastische Maßnahmen nötig, um ein fest
gefügtes Weltbild zu erschüttern. Und dem Friseur
die Augen zu öffnen für eine einfache Wahrheit:
Ein Short Cut kann mit 25 toll wirken. Und mit 65
tantig. Oder umgekehrt, je nach Typ.

zu verschieben. Statt darüber nachzugrübeln »Wie werde ich angeschaut?«, könnte man sein Interesse auf die
Frage lenken: »Wie fühle ich mich?«

Was dann passieren würde, hat die britische Feminis-
tin Laurie Penny recht eindrucksvoll beschrieben: »Wenn
alle Frauen dieser Erde morgen früh aufwachten und sich
in ihren Körpern wirklich wohl und kraftvoll fühlten, würde die Weltwirtschaft über Nacht zusammenbrechen.«

Statt sich über die Unzulänglichkeiten ihrer Gesichts-
architektur zu grämen, könnten Frauen Themen besetzen
und an die Öffentlichkeit gehen. Sie könnten einen echten Willen zur Macht entwickeln. Ein Vorbild für diese
Strategie haben wir täglich vor Augen: Angela Merkel.
Zu Beginn ihrer Karriere amüsierten sich alle über die Fri-

sur und die Figur der Politikerin. Sie machte einfach weiter ihre Arbeit. Frisur und Figur sind heute in der Öffentlichkeit kein Thema mehr.

Bei dem Versuch, auf individuelle Weise gut auszusehen und dabei fröhlich seinen Nonkonformismus zu pflegen, darf man also sein Gesicht ruhig gemäßigt altern lassen. Man sollte auf seine Intelligenz vertrauen. Und auf einen weiteren Komplizen: die Mode. In einem Essay auf *elle. de* plädiert die Designerin Gabriele Strehle dafür, sich bei der Entwicklung des eigenen Stils ruhig weit vom Mainstream zu entfernen – um schließlich bei sich selbst anzukommen.

»Als meine große Schwester ein Abitur-Kleid brauchte, war ich Teenager und konnte nichts außer nähen – und hinschauen. Ich habe bemerkt, dass ihr – weil sie nicht gerade ein Schmalreh war, ein sehr vitales Gesicht und einen kräftigen Teint hatte – das Einfachste am besten stand, und habe ihr, in der Provinz der späten 60er-Jahre nahezu ein Skandal – ein ganz schlichtes schwarzes Kleid genäht. Stil kümmert sich nicht um das, was andere denken. Stilsicherheit fängt meistens mit Unsicherheit an, auch bei mir war das so.

Ich habe alles um mich her aufgenommen und registriert. Allmählich kam ich dahinter, was den Leuten, die für mich keinen Stil hatten, gemeinsam war: An ihnen war etwas zu viel. Ich glaube, wesentlich zu werden, also auf das zu kommen, was dem eigenen Wesen entspricht, wie bei mir die grauen Haare, ist das Geheimnis von Stil.«

Das erotische Kapital
der erwachsenen Frau

EINE ATTRAKTIVE, alleinerziehende Mutter berichtet, dass ihr Teenager-Sohn ihr verboten hat, ihn – wie bei den beiden seit Jahren üblich – mit dem Auto bis vors Tor der Schule zu fahren. Stattdessen steigt der Sohn neuerdings in einer Seitengasse aus. »Ich bin ihm peinlich«, stellt die Mutter fest. Die kleine Frauenrunde, der sie die Episode erzählt, lacht laut und amüsiert sich köstlich. Die Teenager-Mutter, eine schöne, stolze Amazone, ist wahrlich kein Mensch, an dessen Seite sich irgendjemand schämen müsste. Natürlich weiß sie das auch. Und trotzdem erlebt sie – wie wir alle gelegentlich – Momente, in denen sie auf die kleinen Kränkungen, die das Leben bereithält, nicht ganz so souverän reagieren kann, wie sie es an diesem Abend im Kreis der Freundinnen tut.

Manchmal hat auch die Seele der lebenslustigsten Frau einen Durchhänger. Dann ist es hilfreich, wenn man auf eine kleine Hausapotheke mit wirksamer Medizin zurückgreifen kann. Gemeint ist hier nicht etwa stimmungsaufhellendes Johanniskraut – sondern Bücher, Musik-CDs und Filme, die uns die kleinen Demütigungen, die wir in der Lebensmitte kassieren, vergessen lassen. Und die uns eine Ahnung davon geben, welche Abenteuer uns noch bevorstehen könnten.

Ich empfehle für solche Fälle den Film »Was das Herz begehrt« mit Diane Keaton, Keanu Reeves und Jack Nicholson. Die Komödie handelt von der geschiedenen Theaterautorin Erica Barry (Diane Keaton), deren Tochter Marin (Amanda Peet) ihren wesentlich älteren Freund Harry (Jack Nicholson) mitnimmt ins Strandhaus der Mutter. Dort erleidet Harry einen Herzinfarkt, Erica begleitet ihn ins Krankenhaus und lernt dort den Arzt Julian (Keanu Reeves) kennen. Der ist ein großer Fan ihrer Stücke und beginnt, Erica heftig zu umwerben. Dass sie fast 20 Jahre älter ist als er, scheint ihn nicht zu stören.

Am Ende tut sich Erica zwar unverständlicherweise mit dem stark verwitterten Harry zusammen. Doch sie hätte den gut aussehenden, kultivierten Julian haben können. Und allein diese Botschaft des Films entfaltet eine wunderbar tröstliche und ermutigende Wirkung. Doch wäre die Dramaturgie eines solchen Hollywoodmärchens auch im wirklichen Leben vorstellbar?

Hält man sich an die Statistik, fällt die Prognose für alleinstehende Frauen mittleren Alters ernüchternd aus. Die schlechtesten Chancen auf dem Heiratsmarkt haben demnach nämlich zwei Gruppen von Menschen: junge Män-

Einfach unwiderstehlich

Die Sängerin Lotte Lenya war bekannt für ihr bis ins hohe Alter hinein reges außereheliches Liebesleben. Um für ihre meist wesentlich jüngeren Gespielen so lange wie möglich attraktiv zu bleiben, ließ sie sich noch im Alter von etwa 60 Jahren den Busen straffen. Doch es lag offenbar nicht am Busen, warum die Männer nach dieser Femme Fatale verrückt waren. Ihr New Yorker Nachbar und Liebhaber Quentin Anderson erklärte ihre Anziehungskraft folgendermaßen: »Bei allem, was sie tat, investierte sie jede erdenklichen Reserven an Energie. Was immer Lenya auf dieser Welt begehrte, nahm sie sich und genoss es in vollen Zügen.« Keine schlechte Strategie.

ner mit wenig Bildung und mit geringer Körpergröße sowie nicht mehr ganz junge Frauen mit höherer Bildung.

Warum aber haben erwachsene Frauen weniger Chancen, nach Scheidungen/Trennungen neue Partner oder als Singles die große Liebe zu finden als mittelalte Männer in derselben Situation? In dem Film »Was das Herz begehrt« bringt Zoe, die Schwester der Hauptfigur Erica, bei einer abendlichen Tafelrunde im Strandhaus die Sache auf den Punkt. Sie fragt Harry, ob er jemals verheiratet war. Als er verneint, stellt sie fest: »Sie sind 63 und waren nie verheiratet. Für eine Frau wäre das der Supergau. Sie würde als alte Jungfer wahrgenommen. Sie dagegen werden in Zeitungsartikeln als berühmter Junggeselle gefeiert. Dagegen meine Schwester: Sie ist über 50, schön und begabt. Aber sie sitzt jeden Abend allein zu Hause. Die Kontaktszene der Über-50-Jährigen blendet ältere Frauen aus.« Als Folge davon, fährt Zoe fort, arbeiteten die Frauen an der Entfaltung ihrer Talente, würden immer produktiver und interessanter. »Aber was nützt ihnen das? Nichts! Denn Männer haben Angst vor produktiven und interessanten Frauen. Alleinstehende ältere Frauen haben demographisch betrachtet die Arschkarte gezogen.«

Eine These, die der Film in seinem weiteren Verlauf zwar widerlegt. Das ändert jedoch nichts daran, dass Produktivität und Begabung auf dem Partnerschaftsmarkt offenbar keine harten Währungen sind. Was hier zählt, sind vor allem zwei Ressourcen: Schönheit und Sex-Appeal.

In ihrem Buch »Erotisches Kapital. Das Geheimnis erfolgreicher Menschen« schreibt die britische Soziologin Catherine Hakim über ihre Beobachtung, dass die Maßstäbe, nach denen körperliche Attraktivität bemessen wird, sich unablässig nach oben verschieben. »Inzwischen wird von allen Altersgruppen eine attraktive Erscheinung erwartet, nicht nur von jungen Leuten, die sich soeben anschicken, auf dem sexuellen Beziehungsmarkt zu debütieren. Steigende Scheidungsraten und ein nur noch auf bestimmte Lebensphasen beschränktes monogames Dasein schaffen für jedermann Antrieb genug, das eigene erotische Kapital nicht nur vor der ersten Eheschließung, sondern ein gesamtes Leben hindurch zu pflegen und weiterzuentwickeln.«

Der Sex-Appeal nimmt zwar mit zunehmendem Alter bei Angehörigen beider Geschlechter gleichermaßen ab. Männer können diesen Mangel jedoch leichter durch andere Ressourcen ausgleichen, etwa durch ihr ökonomisches oder soziales Kapital (Geld, Kontakte, Status).

Frauen bewegen sich als Mitspielerinnen und Beobachterinnen auf diesem Jahrmarkt der Eitelkeiten und versuchen, dort ihren Platz zu finden. Dabei ist es sehr hilfreich, sich gelegentlich zurückzulehnen, das Treiben mit innerer Distanz zu betrachten und zu überprüfen, ob man tatsächlich Lust hat, nach den Spielregeln, die dort gelten, zu spielen. Oder ob man sich, um sich selbst treu zu bleiben, gewissen Bräuchen besser verweigern sollte.

Muss man zum Beispiel einen ganzen Abend lang mit schmerzenden Füßen in High Heels verbringen, nur um optisch eine bestimmte Form von Sexyness zu verkörpern? Zu dieser dekorativen Variante des Masochismus bin ich nicht mehr bereit. Deshalb applaudierte ich begeistert, als ich in dem Katalog zur Münchner Ausstellung »Frauen. Picasso, Beckmann, de Kooning« eine Beobachtung der Regisseurin Doris Dörrie fand, die über das Tragen von flachen Schuhen als Akt des zivilen Ungehorsams räsoniert.

»Bei einer Preisverleihung oder einer ähnlichen Veranstaltung kam eine Frau auf mich zu und sagte zu mir: ›Das ist ja sehr mutig, Frau Dörrie, dass Sie flache Schuhe tragen.‹ Das war unglaublich, ich konnte das erst gar nicht verstehen. Und dann fiel mir auf, dass es inzwischen auf diesen Veranstaltungen tatsächlich keine Frauen mehr gibt, die nicht unglaublich hohe High Heels tragen. Das ist eine überdeutliche Sexualisierung. (…) Mir war vorher nicht bewusst, dass es inzwischen ein Sonderfall ist, wenn ich flache Schuhe trage und auf diese öffentliche Sexualisierung verzichte. Ich komme da wirklich aus einer anderen Generation. Und ich staune über diese freiwillige De-Emanzipation.«

Manche Komponenten erotischen Kapitals werden im mittleren Alter erst richtig interessant – etwa Lebendigkeit und Wärme

Es spricht nichts dagegen, dass Frauen sich zu Super-Barbies stylen, wenn sie sich so gefallen und es genießen, in High Heels zu gehen. Doch dies ist nicht der einzige Weg, um sich im mittleren Alter in seinem Körper wohlzufühlen und von anderen wahrgenommen zu werden. Die 40-jährige Witwe, die sich in einen Jugendfreund verliebt, die geschiedene Friseurmeisterin, die auf einer Party einen Mann kennenlernt, der perfekt zu ihr passt: Wir alle kennen Menschen, die auf andere eine enorme Anziehungskraft ausüben – auch wenn ihr Körper nicht hundertprozentig den gängigen Schönheitsnormen entspricht und sie ihre Haare ungefärbt lassen.

Denn selbstverständlich besitzen auch diejenigen, deren Schönheit und Sex-Appeal sich nicht auf plakative Weise offenbart, Ressourcen, die sie begehrenswert machen. »Erotisches Kapital« nennt die Soziologin Catherine Hakim diese Qualitäten. Eine besondere Form von Reichtum, die viele Facetten hat. Was genau versteht die Wissenschaftlerin unter erotischem Kapital? Hakim knüpft an einen Aufsatz des französischen Soziologen Pierre Bourdieu an, der in den 80er-Jahren drei Aktivposten identifiziert hat, die einen Menschen für andere interessant machen: sein wirtschaftliches Kapital (Besitztümer, Geld), das kulturelle Kapital (Bildung, Manieren) und das soziale Kapital (Kontakte und Beziehungen). Hakim stellt diesen Aktivposten mit dem erotischen Kapital eine vierte, bisher wenig beachtete Qualität zur Seite.

»Erotisches Kapital ist das komplexeste dieser vier Attribute und hat viele verschiedene Facetten: Schönheit, Sex-Appeal, soziale Kompetenz, Charme und Charisma, die Fähigkeit, die eigene Person in Bezug auf Kleidung und äußere Erscheinung ansprechend zu präsentieren, Fitness und Lebendigkeit sowie sexuelle Kompetenz (im Privatleben von Erwachsenen) und in manchen Umfeldern auch Fruchtbarkeit.«

Manche diese Eigenschaften entfalten, wenn man im mittleren Alter angekommen ist, erst ihre ganze Verführungskraft. Das konnte ich an verschiedenen Beispielen in meinem Bekanntenkreis beobachten. Und vermutlich kennt jeder ähnliche Fälle, die das Urteil der Statistik auf sympathische Weise widerlegen. Eine dieser vielen unbekannten Frauen, deren Lebensgeschichte Mut macht, ist Maria. Die Physiotherapeutin und Mutter dreier Kinder wurde mit Mitte 40 von ihrem Mann verlassen. Maria, eine hingebungsvolle Mutter, hatte mit allen Mitteln um diese Ehe gekämpft. Auch weil sie es ihren drei Töchtern ersparen wollte, als Scheidungswaisen aufzuwachsen.

Die Beziehung brach dennoch auseinander, ihr Partner zog aus. Maria brauchte lange, um über diese Kränkung hinwegzukommen. Auch war es für sie sehr ungewohnt, keinen Mann mehr an ihrer Seite zu haben. Seit ihren Teenager-Jahren war sie fast immer in Beziehungen gewesen. War eine Liebe am Ende, fand sich bald darauf ein neuer Bewerber. Aber wie würde es nun weitergehen? War sie als Mittvierzigerin und Mutter dreier Töchter für Männer überhaupt noch begehrenswert?

Noch bevor sie sich mit den neuen Dating-Usancen im Internet vertraut gemacht hatte, ersparte ihr – wie so oft in ihrem Leben – der Zufall das mühsame Casting geeigneter Kandidaten aus den einschlägigen Online-Börsen. Bei einem Klassentreffen begegnete sie einem früheren Schulkameraden. Horst war ihr in der Schulzeit gar nicht aufgefallen. Jetzt erlebte sie seine Seriosität und Verlässlichkeit als angenehmen Kontrast zur Sprunghaftigkeit und Unzuverlässigkeit ihres Exmanns. Außerdem hatte Horst ein großes Herz, in dem neben Maria auch ihre Töchter Platz fanden.

Er hatte diverse Beziehungen hinter sich, doch es hatte sich in seinem Leben nie ergeben, eine eigene Familie zu gründen. Was er intuitiv suchte, war Nestwärme. Nun genießt er die lebendige Atmosphäre in Marias offenem Haus, er bewundert ihr liebevolles und fürsorgliches Wesen, ihre feminine Schönheit und das Phänomen, dass sie 24 Stunden am Tag Wärme ausstrahlt.

Auch der Geist will spielen.
Deshalb ist Klugheit so verführerisch

Maria verkörpert die Qualitäten, die Catherine Hakim als dritten Bestandteil des erotischen Kapitals beschreibt: »Anmut, Charme, die Fähigkeit zum sozialen Austausch, das Geschick, Menschen dazu zu bringen, dass sie einen mögen, sich mit einem wohlfühlen, Wert auf die Bekanntschaft mit einem legen.«

Es handelt sich dabei um Qualitäten, die viele Mütter im Übermaß besitzen und die für manche Männer ebenso attraktiv sind wie der Schmollmund von Scarlett Johansson. Eine Frau, die in der zweiten Lebenshälfte einen (neuen) Partner sucht, verlässt sich in der Regel nicht allein auf ihre Attraktivität und ihren Sex-Appeal. Sie wirft zusätzlich Qualitäten in die Waagschale, derer sie sich möglicherweise erst im Erwachsenenalter bewusst geworden ist oder die sie erst im Lauf der Zeit erworben hat.

Jackie Kennedy etwa umgab ihr Leben lang die Aura der Geheimnisvollen – eine Ressource, die in ihren späteren Lebensjahren genauso magisch wirkte wie in ihrer

Zeit als Präsidentengattin. Und das Beispiel der WWF-Chefin Christine Lagarde zeigt: Nichts ist faszinierender als das Leuchtfeuer einer starken Persönlichkeit, die in einem interessanten, polyglotten Leben geformt worden ist.

Das Geheimnis von Lagardes Anziehungskraft: Smartness. Denn auch der Geist will spielen, braucht Ansporn, Glanz und Anregung. Deshalb lassen wir uns durch Klugheit so leicht verführen und sind so hingerissen von jenen, bei denen sie sich aufregend verheißungsvoll materialisiert.

Der Scheinwerfereffekt:
Was man von Salondamen lernen kann

Eine Kollegin ist mit einer Münchner Schriftstellerin befreundet, die sie regelmäßig auf den Partys der Frankfurter Buchmesse trifft. »Diese Frau ist nun schon fast 60«, erzählte die Kollegin. »Und es ist nicht zu fassen, wie sie auf Männer wirkt. Kaum hat sie auf einem Barhocker Platz genommen, scharen sich schon mehrere Verehrer um sie.«

Bei einer Preisverleihung hatte ich dann selbst Gelegenheit, das Phänomen in Augenschein zu nehmen. Die Schriftstellerin erschien zu diesem Anlass in einem roten Kleid. Als sie zum Rednerpult schritt, um sich für den Preis zu bedanken, konnte man förmlich spüren, wie die Luft um sie herum zu flirren begann. Sie ist eine gut aussehende Frau, aber keine umwerfende Schönheit. Ihre Anziehungskraft hat vielmehr mit einer besonderen Form von Präsenz zu tun. Und mit der Selbstverständlichkeit, mit der sie sich an diesem Abend inszenierte. Sie wusste, dass sie bei dieser Veranstaltung die Hauptperson war, sie nahm diese Rolle an und füllte sie aus – mit vibrierender Lebendigkeit, Energie und einer kräftigen Dosis Humor. So ähnlich verhält sie sich vermutlich auch in ganz alltäglichen Situationen.

Wer diesen Effekt einmal aus der Nähe studieren will, sollte in italienischen Urlaubshotels der gehobenen Klasse einmal das Verhalten der Gäste am Buffet beobachten. Die deutschen Touristen – in der Mehrzahl eher lässig gekleidet – marschieren mit hängenden Schultern zu den Tischen mit den Parmaschinken-Röllchen und gemischten Meeresfrüchten. Die Botschaft ihres Stylings: »Ich will nicht weiter auffallen.«

Für die Italiener – geschmackssicher herausgeputzt wie für einen Theaterabend – ist der Gang durch den Saal Teil der Gesamtinszenierung. Sie bewegen sich dabei so elegant über das Parkett und sind sich ihrer selbst so bewusst wie die Darsteller in einem Visconti-Film. Mit der gleichen Konzentration und Grandezza choreografieren sie auch ihre Auftritte am Strand oder in der Bar. Sie sind die Stars auf der Bühne des kleinen Welttheaters, das hier jeden Tag aufgeführt wird. Die Gäste aus den anderen Ländern applaudieren mit bewundernden Blicken.

Der Arthrosen-Kavalier

Es sind die letzten schönen Spätsommertage Ende August, ich habe mich im Hotel Alpenrose am See einquartiert, um zu baden, zu lesen und nachzudenken. Das Publikum: seriöse Damen und Herren mittleren Alters. Ein ebenfalls alleinreisender, um die 70 Jahre alter Mann fällt mir auf, weil er sehr asketisch aussieht, beim Laufen ein wenig hinkt und gebeugt geht. »Der protestantische Pfarrer im Ruhestand«, nenne ich ihn im Stillen.

Abends sitze ich an einem Tischchen in einem benachbarten Restaurant, vor mir eine Renke und ein Glas Riesling. Ich betrachte gerade den Sonnenuntergang, als ich hinter mir auf dem Kies Schritte knirschen höre. Es ist der protestantische Pfarrer. Er packt den zweiten Stuhl neben meinem Tischchen und versucht einen Scherz: »Aha, das Hotel Alpenrose geht fremd! Hätten Sie etwas dagegen, wenn ich mich zu Ihnen setze?« Ich erschrecke, weil der Mann offensichtlich in neckischer Stimmung ist und das Wort »fremdgehen« in dieser Situation allerlei sehr unbehagliche Assoziationen weckt. Kurz darauf weicht der Schreck einem Anflug von Zorn. Ich versuche, ihn zu sei-

ner Quelle zu verfolgen. Ein mehr als 20 Jahre älterer Mann nähert sich mir in der augenscheinlichen Absicht zu flirten. Müsste ich mich – schon aus Solidarität mit allen Menschen meines Alters – nicht darüber freuen? Warum betrachte ich sein Interesse als Zumutung?

Die Erklärung ist ganz einfach: Indem er sich mir zuwendet, so glaube ich, macht er mich älter, als ich bin. Er macht mich zu seinesgleichen. Ich aber sehe mich nicht als Frau, die theoretisch im Einzugsbereich seines Charmes liegt (und praktisch noch weniger). Ich finde, dass ich (noch) in einer anderen Liga spiele.

Wochen später erzähle ich die Episode meiner 20-jährigen Nichte und frage sie: »Sei ehrlich: Sehe ich wie 70 aus?« Das sei nicht der Fall, versichert mir Hanna glaubhaft. »Und übrigens, liebe Tante, falls es dich tröstet: Auch ich bin schon öfter von 70-Jährigen angemacht worden. Männer halten offenbar jedes Wesen, das einen Busen hat, für eine potenzielle Beute.«

Sie hätten Lust, auch mal wieder ein paar Komplimente einzuheimsen? Der Trick ist ganz einfach: Ziehen Sie ein Kleid an, in dem Sie sich rundherum wohl und sicher fühlen. Und dann bewegen Sie sich in einem öffentlichen Raum Ihrer Wahl, als sei ein imaginärer Scheinwerfer auf Sie gerichtet. Registrieren Sie, wie man Sie betrachtet und wie Sie sich dabei fühlen. Ein Selbsterfahrungstrip, der nichts kostet, aber gute Renditen für das Selbstbewusstsein bringt. Lebendigkeit, Sex-Appeal, ein verführerischer Intellekt oder die Aura der Geheimnisvollen: Wenn Sie sich nicht ganz sicher sind, aus welchen Komponenten Ihr erotisches Kapital zusammengesetzt ist, fragen Sie einen Freund oder eine Freundin, der oder die Sie schon lange kennt.

Eines steht jedenfalls fest: Erotisches Kapital besitzt jeder. Und es schadet nicht, in seine ganz individuelle Mischung aus sozialer, physischer und emotionaler Attraktivität zu investieren. Dann kann man Statistiken getrost ignorieren, die uns weismachen wollen, erwachsene Frauen seien auf den modernen Partnerschaftsmärkten schwer vermittelbar. Das Leben widerlegt diese Statistiken Tag für Tag. Denn manche Aspekte des erotischen Kapitals von Frauen – wie die Beispiele in diesem Kapitel zeigen – werden im mittleren Alter erst richtig interessant.

Die Liebe in den Zeiten des Jugendwahns. Vier Szenarien, vier Happy Ends

IN SEINER BETRACHTUNG »Vom Unterschiede der Lebensalter« räsoniert der Philosoph Arthur Schopenhauer darüber, dass wir das Leben in verschiedenen Altersstufen mit sehr unterschiedlichem Blick betrachten. Für das Kind ist die Welt, die sich vor ihm ausbreitet, noch ein Spielplatz voller wunderbarer Möglichkeiten. Später »kommt allmählich die große Enttäuschung heran, nach deren Eintritt es heißt l'âge des illusions est passé: Und doch geht sie noch immer weiter, wird immer vollständiger. Demzufolge kann man sagen, dass in der Kindheit das Leben sich uns darstellt wie eine Theaterdekoration von Weitem gesehen; im Alter wie dieselbe in der größten Nähe.«

Mit der Liebe geht es uns ähnlich. Um den 40. Geburtstag herum empfinden wir sie nicht mehr – wie vielleicht noch als Teenager – als Heilsversprechen. Wir begegnen ihr vielmehr ein bisschen argwöhnisch, so wie man vor einem Gebrauchtwagen in die Knie geht, um zu prüfen, ob das Bodenblech durchgerostet ist. Selbst wenn ein Angebot eigentlich ganz gut klingt, flüstert der Dämon des Misstrauens uns zu: »Da muss doch irgendwo ein Haken sein.«

Wer im mittleren Alter Single ist, den befällt jetzt oft die Sehnsucht, das riesige Feld dessen, was im Leben bisher nicht geklappt hat, in Ordnung zu bringen. Weil die große Hoffnung da ist: Nun hat man so viel Erfahrung und so viele Erkenntnisse angesammelt, jetzt müsste einem doch auch die Liebe gelingen. Das Schöne an dieser Fantasie ist: Viel häufiger, als man sich das vorstellt, funktioniert es auch. Vor einiger Zeit traf ich eine Übersetzerin Anfang 50, die bei all den Ereignissen, bei denen ich sie in den vergangenen 15 Jahren getroffen hatte, solo aufgetaucht war. Nun erzählte sie beiläufig, sie gebe demnächst ihre Wohnung auf. Ob ich nicht jemanden kenne, der ein zentral gelegenes Apartment zur Miete sucht? Sie werde nämlich in Kürze heiraten und zu ihrem Partner ziehen.

Ihrem zukünftigen Mann war sie auf ganz altmodische Weise nähergekommen: Er ist ein Mitglied ihres Freundeskreises. Als potenziellen Liebespartner ins Auge gefasst habe sie ihn jedoch erst bei einer von Bekannten organisierten Bergwanderung. Ein typisches Szenario für solche spät zustande kommenden Partnerschaften: Man entdeckt einen Menschen neu, den man schon länger kennt.

Stilvoll lieben I: Die kleine Beziehungsetikette

»Ich mag Frauen, die Lippenstift auftragen, bevor sie mit ihrem Liebhaber oder Ehemann telefonieren. Aber grundsätzlich finde ich es besser, gebildet, kultiviert, interessant und bedeutend auszusehen als schön und sexy«, sagte die Modedesignerin Vivienne Westwood in einem Interview. Diese Kultiviertheit zeigt sich natürlich auch im Umgang mit den Menschen, die uns nahestehen. Wahre Eleganz beruht auf einem festen Wertesystem, gepaart mit einem höflichen Umgangston – die Voraussetzung schlechthin, damit sich eine große Liebe nicht am Stresspotenzial des Zusammenlebens aufreibt. Hilfreich: 1. Der inflationäre Gebrauch der Vokabeln »Bitte«, »Danke« und »Würdest du ...« 2. Die Erkenntnis, dass nicht jede Seelenblähung es wert ist, thematisiert zu werden. 3. Die Erfahrung, dass ein klares, freundlich-bestimmtes »Nein, das möchte ich nicht« manchmal mehr Wirkung hat als viele Erklärungen.

Im mittleren Alter gehen nämlich viele langjährige Ehen an einem Ermüdungsbruch zugrunde. So war es auch beim neuen Mann der Übersetzerin gewesen. Eine Trennung ist immer eine niederschmetternde Erfahrung. Und dennoch muss man, wenn man sie im Nachhinein noch einmal in neutralem Licht betrachtet, oft dem Humoristen Eugen Roth recht geben: »Der Mensch blickt in die Zeit zurück und sieht, sein Unglück war sein Glück.« Die Karten werden neu gemischt, in der zweiten Runde erhalten auch diejenigen eine Chance, die beim ersten Durchgang – aus welchen Gründen auch immer – ausgesetzt haben.

Das Gute an der Liebe in den mittleren Jahren: Sie ist entspannter als in der Rushhour des Lebens. Zu diesem Schluss kommt selbst die hellsichtige Skeptikerin Sibylle Berg, die noch nie in dem Verdacht stand, die Welt mit mildem Blick zu betrachten. »Aber es hat doch durchaus auch einen erfreulichen Aspekt, das Altern«, sinniert sie in einem Essay für die *Zeit.* »Wenn man sein Leben nicht als Dummkopf verbracht hat, wird man für die äußerlichen und gesundheitlichen Unannehmlichkeiten mit ein paar angenehmen Umständen belohnt. Man wird gelassen. Weiß, dass Liebe durchaus möglich ist, wenngleich auch nicht in jener hysterischen Form, die wir in der Jugend gesucht haben. Zehnmal am Tag Geschlechtsverkehr und sterben wollen vor Sehnsucht, das ist doch wirklich anstrengend auf Dauer. Die große Liebe ist das, was bleibt. Es ist klein und vertraut, es ist freundlich und hat einen dicken Bauch.«

Wie kann man der Unberechenbarkeit des Glücks mit geradem Rückgrat begegnen? Bei der Suche nach Antworten auf diese Frage begeben wir uns nun auf Exkursionen in den Alltag von vier nicht mehr ganz jungen Schicksalsgenossen.

Das dickbäuchige Glück genießen:
Was lange Liebe haltbar macht

Wir saßen, wie so oft in diesem Urlaub, in den beiden Liegestühlen in der letzten Reihe links. Rings um uns herum hatten sich bereits die italienischen und französischen Gäste des Hotels positioniert. Der blau-weiß gestreifte Sonnenschirm warf einen runden Schatten, in dessen Schutz wir unsere Bäuche in Richtung Meer ausstreckten. Vis-à-vis stapfte ein etwa 50-jähriges Paar durch den Sand zu den am Rand des Strandes aufgereihten Booten und Jet-Skiern hinüber. Der Mann trug sein graues Haar schulterlang und hatte trotz der Hitze einen leichten Baumwollschal um seinen Hals geschlungen. Die Frau war eine Schönheit vom Schlage Sharon Stones, um die Hüften herum allerdings etwas fülliger als das Original. Während ich sie betrachtete, zuckte in meinem Kopf ein Gedankenblitz: Mal angenommen, der Mann im Liegestuhl neben mir würde mich verlassen. Könnte ich mein Gesicht mit der bereits leicht abgesackten mittleren Partie und meine Beine mit den erschlafften Innenseiten der Oberschenkel überhaupt noch irgendjemandem zumuten? Sollte der nicht mehr ganz junge Mensch, bevor er sich zu einer neuen Eroberung ins Bett legt, seinen unvollkommenen Körper vorsichtshalber in einen Trenchcoat einwickeln?

Mein mitgereister Liegestuhl-Nachbar hatte das Paar inzwischen auch ins Visier genommen. »Erzähl mir mal was über die beiden«, forderte er mich auf. Ein Spiel, mit

Stilvoll lieben II: Das Geheimnis schöner Paare

Eine vielköpfige Schar mürrisch aneinander vorbeischauender Paare in Urlaubslokalen. Ein Mann, der – heftig in der Gegend herumflirtend – seine Frau links liegen lässt. Eine schimpfende Frau, hinter ihr der verlegene Mann, bloßgestellt als Pantoffelheld. Bitte: Die Qualität einer Beziehung misst sich zu mindestens 50 Prozent an dem Bild, das sie in der Öffentlichkeit abgibt. Also: Jeder ist verpflichtet, nicht nur sich, sondern auch seinen Partner gut aussehen zu lassen.

dem wir uns im Urlaub öfter die Zeit vertreiben. »Er ist Künstler und sie seine Muse«, antwortete ich. »Sie hat vor 10 Jahren schon einmal in einem James-Bond-Film mitgespielt.« Er nickte, weil er diese Charakterisierung offenbar plausibel fand.

Unsere Bäuche wölbten sich deutlich sichtbar über unserer Bikini- bzw. Badehose und bestätigten das Klischee, dass verheiratete Menschen im Lauf der Ehe kontinuierlich an Gewicht zulegen. Ich rechnete nach und stellte fest, dass wir jetzt fast seit 20 Jahren zusammen sind. Es kam mir an diesem Nachmittag wie ein kleines Wunder vor. Würde er sich heute noch mal in mich verlieben – trotz des leicht derangierten Zustands, in dem sich mein Körper inzwischen befindet?

Das Schnarchen aus dem Nachbarbett: ein sehr menschliches Geräusch, aber nicht sexy

Ein paar Kilo zu viel sind ja nicht das einzige Problem, das mögliche Liebespartner abschrecken könnte. Mir fiel ein, was Freund Hannes über seinen Aufenthalt in einem Meditationshaus erzählt hatte. Er musste sich das Zimmer mit einem weiteren Gast teilen und hatte vorab darauf hingewiesen: »Ich schnarche!« Sein Mitbewohner hatte versichert, das störe ihn nicht. Um 4 Uhr morgens wurde Hannes vom gleißenden Licht der Neonröhre aus seinen Träumen geschreckt. Nebenan im Bett saß, mit fahlem Gesicht, der Mitbewohner und hielt sich die Ohren zu. Auf die Frage, warum er um diese Zeit das Licht angemacht habe, antwortete der Mann: »Ich wusste mir nicht anders zu helfen, du warst durch keine anderen Maßnahmen wach zu kriegen.«

Wie gut, dass ich mit meiner Frau schon so lange zusammen bin, dachte Hannes. Denn selbst, wenn es mir heute noch einmal gelingen sollte, eine 30-Jährige aufzureißen: Wie sexy fände sie einen Mann, der jede Nacht einen Kubikkilometer Holz zersägt?

Passen Frauen und Männer überhaupt zusammen oder Frauen und Frauen oder Männer und Männer oder ein Mensch zum anderen? Ist es nicht erstaunlich, dass sie sich immer wieder miteinander arrangieren, obwohl einer weiche Matratzen liebt und der andere harte, obwohl für den einen ein Abend ohne Rotwein ein trauriges

Ereignis ist, während der andere nur widerstrebend und um des Gemeinschaft stiftenden Rituals willen ein Gläschen von dem Getränk zu sich nimmt, das er als »saures Zeug« bezeichnet?

Ich schaute zu meinem Liegestuhl-Nachbarn hinüber und erzählte ihm die Theorie, die ein berühmter Autor zur endgültigen Verbesserung der Welt entwickelt hatte. »Er schlägt vor, dass Frauen sich auf der Südhalbkugel der Erde ansiedeln sollten und Männer auf der Nordhalbkugel – oder auch umgekehrt. Einmal im Jahr findet ein großes Fortpflanzungstreffen am Äquator statt. Wie findest du diese Vision?«

Er klappte das Buch zu, das er gerade las, und drehte sich zu mir: »Die Sache würde schon daran scheitern, dass du es nicht pünktlich zu den Treffen schaffst«, sagte er. »Du bist ja sogar auf der Autobahn immer nur im Postkutschentempo unterwegs.« Er sagte das in diesem leicht belustigten, aber auch desillusionierten Ton, den man so oft an Menschen bemerkt, die schon lange zusammenleben. Ich nahm ihm diesen Kommentar zu meiner Geschwindigkeitsphobie nicht übel. Denn in seiner Bemerkung verbarg sich die Antwort auf eine interessante Frage: Was ist das Geheimnis einer langen Liebe? Haben Paare, die ein ganzes Leben lang zusammenbleiben, einfach nur Glück gehabt? Oder machen sie irgendetwas richtig – oft ohne zu wissen, was das eigentlich ist?

Wenn Liebe länger dauert, wird sie so selbstverständlich wie die Luft zum Atmen. Immer da. Nicht der Rede wert. Ganz langsam ändert sich der Blick, mit dem wir

Stilvoll lieben III: Reden ist Silber

Beste Freundinnen geben und erwarten wenigstens ab und zu eine heiße Information zum Stand der jeweiligen Beziehung. Liefern Sie nun das Gewünschte, entwerten Sie aber oft nicht nur Ihren Partner, sondern Ihre Person gleich mit. Dieses Dilemma zu lösen, erfordert Fingerspitzengefühl, denn ganz ohne Lästern funktionieren Frauenfreundschaften selten. Also: Sex und Intim-Emotionales sind tabu. Über den Rest darf man sich amüsieren.

den Partner betrachten. Nach ein paar Jahren ist der Blick nicht mehr wie am Anfang durch grenzenlose Bewunderung in Pastelltönen gefärbt. Sondern nüchtern wie der eines Hautarztes, der den Arm einer Patientin nach vergrößerten Muttermalen absucht. Die Gründe für diese Ernüchterung sind ebenso unterschiedlich wie individuell.

Bei vielen langjährigen Paaren muss man gar nicht lange nachbohren, um zu den Ursachen ihrer Unzufriedenheit vorzustoßen. Die Ernüchterten servieren sie spätestens nach der Warming-up-Phase eines geselligen Abends für alle sichtbar auf dem Silbertablett. »Ich habe gehört, du bist ein leidenschaftlicher Anna-Netrebko-Fan«, sagt etwa der Gast zum Gastgeber. »Der Peter und Leidenschaft? Dass ich nicht lache!«, antwortet seine Frau mit einer Stimme, in der der Unterton von Resignation nicht zu überhören ist. Oder: Eine Rechtsanwältin erzählt beim Abendessen von ihrem Tag in der Kanzlei. »Ich habe überhaupt nichts geschafft gekriegt. Denn jede Viertelstunde rief der Lukas an, um mir beispielsweise mitzuteilen, dass seine Temperatur jetzt von 37,5 auf 37,75 Grad gestiegen sei. Und dass er sich frage, ob das jetzt nicht langsam lebensbedrohlich sei und er nicht besser einen Arzt holen solle.«

Der Trick der Marathon-Monogamen: den Partner durch die rosarote Brille sehen

Ich beobachtete, wie das vermeintliche Künstlerpaar aus unserem Hotel sich damit abmühte, einen Jetski ins Wasser zu ziehen, und dachte über einen Begriff nach, den der Philosoph Wilhelm Schmid erfunden hatte: die atmende Liebe. Eine Liebe, so findet Schmid, müsse einatmen (Nähe) und ausatmen (Distanz), damit sie funktioniere. »Wenn die Leute die Liebe teils als Gefühl, teils als Gewohnheit betrachten würden, dann hätten sie's leichter in Beziehungen.«

Bei meinen privaten Feldforschungen auf dem Gebiet der Paarpsychologie habe ich noch eine andere Beobachtung gemacht: Während ungeduldige Partner – kaum treten die ersten Anzeichen der Ernüchterung auf – das

Stilvoll lieben IV: Partnerwahl heißt Problemwahl

Er kann es einfach nicht: Beim Essen im Restaurant elegant Small Talk machen oder den Keller aufräumen, bevor Berge von Gerümpel den Durchgang zu den Fahrrädern verstellen. »Partnerwahl heißt Problemwahl«, sagt die kluge Frankfurter Kollegin Constanze immer dann, wenn Frauen sie mit Klagen über ihre Männer nerven. Das bedeutet: Mit der Wahl eines Partners fürs Leben fällt man die Entscheidung für das gesamte Paket, für die positiven, aber auch für eine ganze Reihe von störenden Eigenschaften. Entspannt bleibt man, wenn man das wie den täglichen Sonnenaufgang als Naturgesetz akzeptiert. Deshalb besteht die Lebenskunst – auch beim Lieben – darin, nur genau die Dinge zu betrachten, die einen glücklich machen. Die Fürsorglichkeit des Partners zum Beispiel oder seinen Humor.

Experiment abbrechen und ihr Glück an der Seite eines neuen Partners suchen, zeichnen sich die Marathon-Monogamen dadurch aus, dass sie sich etwas Kostbares bewahrt haben: die Bereitschaft, den Partner durch eine rosarote Brille zu betrachten. Es geht dabei nicht darum, den anderen kritiklos anzuhimmeln wie der Fan den Star.

Die Kunst besteht vielmehr darin, die Wahrnehmung auf die guten Eigenschaften des anderen zu fokussieren. Dabei entfaltet sich die Magie der Selffulfilling Prophecy: Weil der Liebste seine Partnerin (und umgekehrt) nicht enttäuschen will, tut er alles, um diesem positiven Image auch gerecht zu werden.

Bei frisch Verliebten funktioniert das noch ganz von selbst.

Mit bewundernden Seitenblicken auf ihren Freund erzählt meine 21-jährige Nichte Marie von ihrem aufregenden Urlaubserlebnis. Sie waren mit einem zum Wohnmobil umgebauten Bus zu einer Tour durch Europa aufgebrochen. Als sie durch einen langen Tunnel fuhren, merkten sie, dass am Ende des Tunnels offenbar ein Feuer ausgebrochen war. Um sie herum versuchten die Menschen in Panik, ihre Autos zu wenden. Die Fahrspur war eigentlich viel zu schmal für den Bus. Der Freund der Nichte blieb ganz ruhig und schaukelte das sperrige Gefährt in Millimeterarbeit einmal um seine eigene Achse herum. »Wer weiß, was uns passiert wäre, wenn Damian nicht so cool geblieben wäre«, sagt die Nichte und rückt noch ein bisschen näher an ihren Helden heran.

In Langzeitlieben erfordert es geistige Disziplin, die rosarote Brille mal wieder aus dem Etui zu holen. Diese Haltung befeuert wiederum die Liebe. Wir glauben ja gern, dieses Gefühl sei ein Selbstläufer. Aber Liebe ist nicht so strapazierfähig, wie wir sie uns wünschen. Und es sind meist nicht die großen Katastrophen – etwa Affären –, die sie kaputt machen. Die schlimmste Gefahr für eine Ehe? Anton Tschechov hat die Frage so beantwortet: »Jeder Idiot kann eine Krise bewältigen. Es ist der Alltag, der uns fertigmacht.«

Was also hilft, wenn wir uns mal wieder darüber ärgern, dass der Partner die Zahnseide mit 20 Liter Wasser die Toilette hinunterspült, anstatt sie ressourcenschonend im Mülleimer zu entsorgen? Den Liebesmythos reaktivieren. Wir setzen die rosarote Brille auf und erinnern uns an den romantischen Moment, in dem der Mann nach zwei Jahren Distanzbeziehung in einer kalten Winternacht mit seinem voll beladenen Auto vor der Tür parkte und seine Kisten in die gemeinsame Wohnung schleppte. Wie er seine Orangenbäumchen rund um das Sofa platzierte. Und damit anfing, das sparsam möblierte ehemalige Single-Apartment, das nun gemeinsamer Wohnsitz war, in ein etwas überfülltes, aber gemütliches Zuhause zu verwandeln.

»Zwei Menschen, die in einem Liegestuhl nebeneinanderliegen – von außen betrachtet sieht dieses Szenario so harmlos aus«, überlegte ich. »Dabei ist Zweisamkeit vermutlich das letzte große Abenteuer unserer Zeit.«

Das Künstlerpaar aus dem Hotel war von seinem Ausflug inzwischen zurückgekehrt. Mit einer Choreografie gut aufeinander abgestimmter Handgriffe zogen sie den Jetski aus dem Wasser und stabilisierten ihn in der Parkposition.

»Der Nächste, bitte«: Warum man den idealen Partner manchmal erst im zweiten Anlauf kennenlernt. Und warum man sein neues Glück in mittleren Jahren so oft im Kreis alter Freunde findet

Die Ehe: am Ende. Das Selbstbewusstsein: zerbröselt. Und zu Hause warteten zwei Kinder, die den Schock noch nicht verdaut hatten, dass ihr Vater die Familie verlassen hatte. Das war, grob skizziert, die Situation der 42-jährigen Leonie, als sie auf einer Silvesterparty ihren jetzigen Freund Ralf kennenlernte. Es war gerade erst ein Jahr her, dass Mario, ihr Exmann, ihr eröffnet hatte: »Ich habe mich in eine andere Frau verliebt, ich ziehe aus.«

In den grauen Monaten nach diesem Geständnis trug Leonie ihren Schmerz mit sich herum wie einen Rucksack voller Blei. Denn als Mario ging, zerbrach ja nicht nur eine Beziehung, sondern auch ihr Lebenstraum: im Kreis einer intakten Familie alt zu werden.

Als die Einladung zu dem Silvesterfest im Briefkasten lag, spürte sie zum ersten Mal nach langer Zeit wieder genug Energie, um sich aus den Sümpfen der Traurigkeit herauszustrampeln. Der Gastgeber war ein Schulfreund aus dem Gymnasium, einige wenige Bekannte aus ihrer Abiturklasse würde sie ebenfalls wiedersehen.

Ralf stand hinter dem DJ-Pult. Typisch, dass er auf dem Fest gleich eine Aufgabe übernahm. Hilfsbereit, höflich, aber ein bisschen unscheinbar – so hatte Leonie ihn in Erinnerung. Ein Mann, der Frauen beim Umzug hilft, Kisten zu schleppen. Kein Herzensbrecher, der Fantasien entfacht. Obwohl er auf dem Fest dafür zuständig war, die Gäste mit dem richtigen Sound in Stimmung zu bringen, ließ er Leonie auf diskrete Weise nicht aus den Augen. Kaum hatte sie ihr Glas Wein geleert, stellte er ihr beiläufig ein neues hin. Bei einer Zigarettenpause vor der Tür erzählte er ihr von seinem Traum, mit 60 ein Gästehaus in Kapstadt aufzumachen. Ihr fielen seine schönen Hände auf. Ein paar Tage später besuchte er sie zu Hause. Und gewann die Sympathien ihrer Teenager-Söhne durch sein detailliertes Wissen über Elektro-Pop. Es war der Beginn einer sich vorsichtig vorantastenden Liebe, die heute – vier Jahre später – noch intensiver geworden ist.

Das Leben auf Neustart programmieren: Wie man Umbrüche überlebt

Die Lebensmitte ist die Zeit der Umbrüche. Zum ersten Mal erlebt man Schicksalsschläge, die man sonst nur aus den Erzählungen anderer Leute kennt. Der Job wird wegrationalisiert. Eine Krankheit diagnostiziert. Eine Liebe scheitert. Plötzlich ist man gezwungen, das Leben auf Neustart zu programmieren. Die Krise als Chance betrachten? Dieser wohlfeile Spruch aus den Mündern berufsoptimistischer Coaches klingt verlogen in den Ohren eines Menschen, der dabei ist, die Trümmer seiner Existenz aufzusammeln. Doch wenn die emotionalen Tornados sich beruhigt haben, ist man tatsächlich meist ein bisschen schlauer als zuvor. Ziele werden überprüft. Glücksfantasien der Realität angepasst. Prioritäten neu formuliert.

Das führt uns zurück zu unserer Geschichte. Und zu folgender Frage: Wie kann es sein, dass ein Mann, den Leonie bereits seit ihrer Kindheit kennt, ihr Herz plötzlich durch eine SMS ins Stolpern bringt? Und wie kommt es, dass sich jemand, den sie mit 17 unter der Rubrik »verlässlicher Kumpel« einsortiert hatte, auf einmal in der Liga »Geliebter« wiederfindet? »Ich glaube, dass man mit Anfang 40 anders auf Männer schaut als mit 23, das Alter, in dem Mario und ich geheiratet haben«, glaubt Leonie. Damals erschien ihr Mario, der Junge mit der Easy-Rider-Aura, als Inbegriff des begehrenswerten Mannes. Erst nach der Trennung begriff sie, dass sie während der 16 Jahre ihrer Ehe ständig damit beschäftigt gewesen war, ihm irgendetwas abzupressen: Zärtlichkeiten, ein Kompliment. Das Zugeständnis, diesen Samstagabend mal mit der Familie zu verbringen, anstatt zum dritten Mal in der Woche zum Basketballtraining zu gehen. »Mario ist ein interessanter Mensch mit einem hochkomplexen Charakter – aber als Partner ein Totalversager«, gestand sich Leonie ein. Erst seit ihr das klar geworden ist, ist sie offen für diesen ganz anderen Typ Mann, den Ralf verkörpert: den Seelenverwandten, der konzentriert zuhört. Der die richtigen Fragen stellt und sie an seinen Gedanken und Gefühlen teilhaben lässt.

Ralf ist ein Hidden Champion auf dem Markt der Liebe. Eine Spezies Mann, die erst in der zweiten Lebenshälfte zu großer Form aufläuft. Und die sich jede Frau, die nach einer Enttäuschung auf der Suche nach einer neuen Langzeitliebe ist, einmal näher anschauen sollte.

Die Hidden Champions auf dem Markt der Liebe: Wo man sie findet und wie man sie bindet

Hidden Champions (»heimliche Gewinner«) nennt man in der Wirtschaft Firmen wie den Laserspezialisten Trumpf, den Motorsägenhersteller Stihl oder das Unternehmen Claas, das Landmaschinen produziert. Diese in der Öffentlichkeit weitgehend unbekannten Markt- und Weltmarktführer sind auf den ersten Blick vielleicht nicht so glamourös wie das Modelabel Hugo Boss, Coca Cola oder andere bekannte Marken. Der Unternehmensberater Hermann Simon analysierte in seinem Buch »Hidden Champions des 21. Jahrhunderts«, dass diese stattdessen über eine andere Stärke verfügen: Sie liefern ihren Top-Kunden maßgeschneiderte Lösungen und machen sich dadurch bei ihnen unentbehrlich.

Übertragen auf den Markt der Liebe bedeutet das:

Hidden Champions zeichnen sich Frauen gegenüber durch ein besonderes Einfühlungsvermögen aus. Da sie von Natur aus souverän sind, verschwenden sie wenig Energie mit Selbstdarstellung. Sie konzentrieren sich auf ein wichtigeres Ziel: die Frau, für die sie sich interessieren, so gut wie möglich kennenzulernen und so herauszufinden, wie man sie am besten erobert und hält.

Daraus ergibt sich auch ein Hinweis, woran man einen Hidden Champion erkennt. Auf einer Party tritt er eher nicht als Entertainer in Erscheinung. Er ist der stille Typ im Hintergrund, der Mann, der die richtigen Fragen stellt. »Was war es genau, das dich an dem Film ›Ziemlich beste Freunde‹ so berührt hat?«, will er zum Beispiel wissen. Oder: »Du hast also noch eine Schwester. Bist du die Jüngere oder die Ältere von euch beiden?«

Dass Leonies und Ralfs neue, unaufgeregte Liebe sich so unverkrampft entfalten konnte, hatte natürlich auch damit zu tun, dass sie sich schon lange kannten, bevor sie ein Paar wurden. Solche Lovestorys kommen bei Paaren in der Lebensmitte häufiger vor. Ein Partner aus dem gewohnten Umfeld genießt einen Vertrauensvorschuss, den ein Mensch mit Trennungstrauma einem Fremden nicht ohne Weiteres gewährt. »Meine Ehe zerbrechen zu sehen und die Verzweiflung meiner Söhne mit ansehen zu müssen, hatte mich so verwundbar gemacht, dass ich jeder Zufallsbekanntschaft gegenüber misstrauisch gewesen wäre«, sagt Leonie. »Immer hätte in meinem Kopf die Frage gebohrt: Ist er wirklich Single oder nur auf der Suche nach einem außerehelichen Kick?«

Einmal, als sie mit Ralf abends auf dem Sofa lümmelte und die beiden die nächste Staffel der Serie »Mad Men« in den DVD-Rekorder schoben, fragte sie ihn: »Warum hast du dich eigentlich ausgerechnet in mich verliebt? Obwohl jedes fünfte Haar auf meinem Kopf schon grau war und ich damals vermutlich den Sex-Appeal eines angeschossenen Rehs verströmte?«

»Weil du eine tolle Frau bist, Leonie.« Das war die Antwort, die sie hören wollte. Aber vielleicht hatte noch ein anderes Phänomen ihrer Liebe den entscheidenden Kick gegeben. Denn als die beiden sich auf der Silvesterparty wiedersahen, erblickte Ralf nicht nur die 42-jährige Frau mit Trennungstrauma. Er sah unter der Oberfläche ihres aktuellen Selbst den strahlenden Teenager, der Leonie in ihrer Schulzeit gewesen war. Dieser Glorienschein ihres vergangenen Ruhms leuchtete mit mindestens 200 Watt. Da fielen die paar grauen Haare nicht weiter auf.

Allein, aber glücklich. Warum das Leben auch ohne Partner vollkommen ist. Und wie man seine Solo-Existenz genießt

In dem Film »Jenseits von Afrika« gibt es eine Szene, in der ein Mitarbeiter Meryl Streep alias Karen Blixen nachts weckt, weil ein Teil der Farm in Flammen steht. Das Feuer greift immer weiter um sich, alle Kräfte werden mobilisiert, um es zu löschen. Irgendwann ist klar, dass nichts mehr zu retten ist. Immer noch rennen Menschen mit Wassereimern umher, die Chefin stoppt sie mit einer Geste, die so viel bedeutet wie »Lasst es sein, es bringt nichts mehr.« In dieser Geste liegt Ergebenheit, aber auch eine gewisse Grandezza. Man hat getan, was man tun konnte. Jetzt bleibt nichts übrig, als sich der neuen Situation zu stellen.

Diese Szene kam mir in den Sinn, als ich vor längerer Zeit einen Beitrag in einer Sonntagszeitung las. »Strategie 40 plus. Was tun, wenn die Jugend schwindet, aber das Gefühl davon nicht enden will? Vier Experimente aus der Krisenzone«, lautete die Überschrift. In einem der vier kleinen Essays beschrieb eine Autorin mit hinreißendem Witz, warum sie sich bei ihrer Online-Partnerbörse abgemeldet hat und ab sofort damit aufhören wird, aktiv nach einem Mann zu suchen. Um die 40 sei leider ein schlechtes Alter für die Partnersuche, hatte sie im Lauf ihrer Dating-Abenteuer festgestellt. »Für Männer, die nicht ausschließen wollen, eventuell noch eine Familie zu gründen, ist man nicht mehr lange genug fruchtbar.« Und für jene Männer, die auf keinen Fall (weitere) Kinder wollen, sei man wiederum noch zu lange fruchtbar. »Ich war müde. Müde, zwecks Kontaktanbahnung irgendwie geartete originelle Mails zu schreiben, müde, die immer gleichen Fragen nach Beruf, Familie, Freunden zu stellen und zu beantworten. Müde, meine eigenen Erwartungen und Hoffnungen klein zu halten. Und müde, neue Freunde oder nette Bekannte zu gewinnen, aber keinen Geliebten. Freunde habe ich schließlich genug.«

Manchmal hat es etwas sehr Befreiendes, Abschied von einem Traum zu nehmen. Denn solange man einen großen Teil seiner Zeit damit verbringt, einer Fantasie hinterherzujagen, besteht die Gefahr, dass man die Schönheit des Hier und Jetzt nicht sieht. Die Schriftstellerin Christa Wolf hat in ihrem Roman »Nachdenken über Christa T.« dieses Lebensgefühl beschrieben. »Die Zukunft? Das ist das gründlich andere. Alles zu seiner Zeit. Die Zukunft, die Schönheit und die Vollkommenheit, die sparen wir uns auf, eine Belohnung eines Tages, für unermüdlichen Fleiß. Dann werden wir etwas sein, dann werden wir etwas haben.« So führt man eine Existenz in der Warteschleife. Fixiert auf den Tag X, an dem das Wunder geschieht, verpasst man die Gegenwart.

Für all das, was diese Gegenwart einem alleinlebenden Menschen zu bieten hat, hat mir erst unsere Nachbarin die Augen geöffnet. Sie ist um die 60, lebt im vierten Stock in einer mit viel Geschmack ausgestatteten Dachgeschosswohnung. Will man etwas für sie abgeben und klingelt vor elf Uhr, öffnet sie in einem seidenen Morgenrock – jedoch mit perfekt frisierten Haaren und einem raffinierten Tages-Make-up. Neulich schwebte sie durchs Treppenhaus, um den Kopf hatte sie einen schillernden Schal geschlungen. »Den habe ich mir aus Rajasthan mitgebracht.« Sie lebt seit Jahren allein und scheint mit diesem Zustand nicht unzufrieden zu sein. Was nicht bedeuten muss, dass sie auch den Rest ihrer Tage allein verbringen wird. Als ich neulich die Haustür aufschloss, suchte dort ein interessant aussehender Bohemien das Klingelschild nach einem Namen ab. Er hatte eine Flasche Wein dabei und klingelte schließlich bei der eleganten Nachbarin. War es ein Freund, ein Bruder, ein Geliebter? Sie wäre viel zu diskret, um ihren Nachbarn Geschichten über ihr Privatleben auf die Nase zu binden. Die Nachbarn wären auch viel zu höflich, um sie nach ihrem Liebesleben zu fragen. Aber jeder in dieser Hausgemeinschaft freut sich, sie zu sehen. Weil sie ohne viele Worte zu machen der Welt zeigt, dass man als Single viel Spaß haben kann, wenn man seine Solo-Existenz nicht als Leben zweiter Klasse betrachtet, sondern es in vollen Zügen genießt.

Die Liebe ist kapriziös wie eine Siamkatze. Manchmal folgt sie einem Menschen auf dem Fuß, der schon auf sie gewartet hat. Manchmal vagabundiert sie aber auch jemandem hinterher, der sie gar nicht zu schätzen weiß. So beobachten die Fans der Comicserie »Peanuts« über viele Folgen hinweg, wie die kratzbürstige Lucy den Nachwuchspianisten Schroeder anhimmelt. Wann immer sich eine Gelegenheit bietet, lungert sie bei dem hübschen Jungen herum. Der jedoch klimpert ungerührt weiter auf seinem Klavier, während Lucy versucht, das Gespräch auf Zwischenmenschliches zu lenken. Nach jeder Abfuhr startet sie einen neuen Flirtversuch. Der Leser ahnt aber schon nach der ersten Episode, dass aus den ungleichen Charakteren nie ein Paar werden kann.

Warum sehnen wir dieses unberechenbare Gefühl eigentlich so heftig herbei? Weil die anderen Biotope, in denen wir uns tummeln, im Lauf der Jahre immer ungemütlicher geworden sind. Im Beruf sind wir permanent Konkurrenz ausgesetzt. Wir strampeln uns ab in einem immer härteren Wettbewerb, und unser Wert ist uns dabei selbst nicht ganz klar. Wer in einer Liebesbeziehung lebt, bekommt zumindest hin und wieder die Bestätigung: »Ich habe dich erwählt. Du bist einzigartig! In dem kleinen Universum, das wir uns erschaffen, bist du die wichtigste Person.« Das ist ein Trost in einer Gesellschaft, in der Sicherheit sonst schwer zu finden ist.

Die meisten Alleinlebenden sehen sich deshalb nicht als zufriedene Singles, sondern als zukünftige Liebespartner im Wartestand. Wie viele Marmorkuchen hatte ich mit Anfang 30 gebacken, wie viele Theaterinszenierungen angesehen, wie viele Kilometer war ich auf dem Laufband des Fitnessstudios gerannt – nur um die Zeit totzuschlagen, die sich ausdehnte zwischen meinem damaligen Status als Single und meinem künftigen als Teil eines Paars. So entstand in meinem Leben eine ganz neue Kategorie von Zeit: Zwischenzeit. Während ich mich in Fantasien über einen aktuellen Flirtpartner erging, verlor ich alles aus den Augen, was meine Feierabende und Wochenenden früher sonst noch bereichert hatte. Freundinnen wurden zur Staffage für Abende, die ich ohne ihn durchstehen musste. Das Einzige, was zählte, war Premium-Zeit mit dem Mann. Weil er mich am ausgestreckten Arm verhungern ließ, verbrachte ich den größten Teil der damaligen Jahre damit, mit Freundinnen am Telefon die Frage zu erörtern: »Er hat gesagt, er will im Moment keine Verpflichtungen eingehen. Was meint er wohl damit?«

Ins Leere lieben: Warum sind wir für dieses romantische, aber sinnlose Schmachten in bestimmten Phasen eigentlich so anfällig? Vielleicht klammern wir uns so sehr an unsere Utopie von Zweisamkeit, weil in unserem Alltag sonst zu wenig los ist. Wenn wir aufhören, der Liebe hinterherzulaufen, bricht gleich unser gesamter Lebensinhalt weg. Was würde meine Nachbarin aus dem vierten Stock allen einsamen Herzen empfehlen? Sie würde zu der Strategie raten, die sie selbst praktiziert: in allen existenziellen Bereichen des Lebens – nämlich Liebe, Arbeit, Familie und Freunde sowie Hobbys – genügend positive Erlebnisse zu sammeln. Fokussieren wir unsere Energie nämlich über einen langen Zeitraum nur auf einen Bereich und lassen die anderen brachliegen, kippt unser Leben aus der Balance.

Für Solisten, die ihren verlorenen Seelenfrieden wiederfinden wollen, gibt es demnach viele wirksame Therapien: für Freunde Hähnchen in Rosmarinsauce kochen, einen Fortbildungskurs in Rhetorik buchen, mit dem Neffen die Ritterburg aufbauen, Swing tanzen – oder was immer man sonst gern getan hat, bevor man seine Energien darauf konzentriert hat, dass der männliche Supporting Actor endlich auf der Bildfläche erscheint. Für die Hauptdarstellerin im Drehbuch unseres Lebens gibt es auf jeden Fall ein Happy End. Und dieses Drehbuch hält auch garantiert noch einige Überraschungen bereit.

»Ich liebe dich nicht mehr.«
Warum es sich lohnt, in der Krise
Contenance zu wahren

Der 50. Geburtstag ist für viele Menschen ein Anlass, eine Positionsbestimmung vorzunehmen. Bin ich diejenige, die ich glaube zu sein und die die anderen in mir sehen? Bin ich glücklich mit dieser Rolle und mit meinem Leben? Ist es für mich eine angenehme oder eine deprimierende Vorstellung, dass es in den nächsten Jahren und Jahrzehnten genauso weitergeht wie bisher?

Das freudige, aber auch ein bisschen beängstigende Jubiläum ist für viele der Anlass, eine große Party zu feiern, um alle seine Lieben wieder einmal um sich zu versammeln. Das Ganze hat aber auch etwas von einem indianischen Powwow, bei dem man sich für die nächste Etappe mit magischer Energie auflädt – in der Hoffnung, sich die Schrecken des Alters noch eine Weile vom Leib halten zu können.

Ein befreundetes Paar hatte zur Feier nach Sardinien eingeladen. Der Gastgeber wurde 50, er und seine Frau hatten dort Jahre zuvor ein Haus gekauft, das sie langfristig als Altersruhesitz nutzen wollten. Nachdem das Essen verzehrt war und die Gäste sich plaudernd im Haus und im Garten verteilt hatten, bat einer der Freunde den Gastgeber und die anderen Gäste, sich einige Minuten später vor der Einfahrt zu versammeln. Es sei nun eine Überraschung für den Gastgeber geplant. Man trat auf den Kies hinaus, lauschte dem Gesang der Zikaden und vernahm schließlich ein heiseres Motorengeräusch. Dann bog ein altes Mercedes-Coupé um die Ecke. Am Steuer: die Gastgeberin. »Das ist mein Geschenk an dich«, sagte sie und gab dem verblüfften Gastgeber einen Kuss. »So ein Coupé hast du dir doch schon immer gewünscht.«

Sie hatte das Prachtexemplar bei eBay ersteigert. Um den Wagen stilecht überreichen zu können, hatte sie extra ein paar Fahrstunden genommen – sie besaß nämlich gar keinen Führerschein. Welche Summe sie für das Auto bezahlt hatte, hat sie nie verraten. Es war auf jeden Fall mehr, als sie sich eigentlich leisten konnte. Gemessen an den Honoraren, die sie als freie Webdesignerin verdiente, war das Geschenk geradezu ruinös.

Diese Geste war so großzügig, dass sie den Jubilar sprachlos machte. Es war schwer zu sagen, ob er erfreut oder eher erschrocken war. Wenige Monate später erzählte mir die Webdesignerin, dass ihre Ehe am Ende sei. Sie habe sich von ihrem Mann getrennt. Sie habe ihn schon damals nicht mehr geliebt, ihm das aber nicht sagen können. Vielleicht sei das auch der Grund gewesen, warum sie ihm das überdimensionierte Geschenk gemacht hatte: Es war eine vorweggenommene Abbitte. Sein Gesichtsausdruck am Abend der Party hatte darauf schließen lassen, dass er damals bereits ahnte, wie die Dinge sich entwickeln würden.

»Ich liebe dich nicht mehr.« Dieser Satz ist eine große Kränkung. Und man kann nachvollziehen, dass dort, wo er ausgesprochen wird, oft finstere Rachefantasien blühen und die Keime für bis aufs Messer ausgetragene Scheidungsprozesse gelegt werden.

Bei dem befreundeten Paar war das nicht der Fall. Der Mann erkannte seine aussichtslose Lage. Und er verhielt sich wie ein Gentleman: Er zahlte ihr auf Heller und Pfennig ihren Anteil am gemeinsamen Ferienhaus aus. Er wies sie sogar noch darauf hin, dass ihr ein Versorgungsausgleich zustehe, denn er hatte in der Ehe mehr Vermögen angesammelt als sie. Die Scheidung ging geräuschlos und fair über die Bühne.

Wie schaffen Menschen es, in emotionalen Ausnahmesituationen Contenance zu wahren? Bevor diese Frage beantwortet wird, folgt ein kleiner Exkurs – hinein in eine Reportage, die der Journalist Alexander Gorkow für die Seite Drei der *Süddeutschen Zeitung* schrieb. Er besuchte den Musiker Bill Withers, den Schöpfer des Songs »Ain't no sunshine«, in Los Angeles. Gorkow wollte wissen, warum Withers so lange kein Album mehr aufgenommen habe, obwohl Fans in aller Welt so sehnsüchtig darauf warteten. »Gestern rief mich ein Kumpel an. Worüber haben wir geredet? Natürlich über Obama und seinen Kampf gegen die Lutscher von den Republikanern«, antwortete Withers. »Und dann? Über altersbedingte Pigmentstörungen! Wenn du 30 bist, singst du über die Liebe, die Einsamkeit, das Leben in der Stadt. (...) Worüber reden wir heute, meine Freunde und ich? Pigmentstörungen, Rückenschmerzen, Darmspiegelungen, Cholesterinspiegel. (...) Alles hat seine Zeit, mein Freund, alles hat seine Zeit.«

Und damit zurück zu der Frage, was man von Menschen lernen kann, die es schaffen, gelassen zu bleiben, wenn ihr Partner den Satz ausspricht: »Ich liebe dich nicht mehr.« Sie stellen sich möglicherweise ein paar Fragen, über die es sich in Situationen nachzudenken lohnt, in denen einer diesen Satz ausspricht und man davon überrascht wird: Hat man selbst entsprechende Alarmzeichen über den Zustand der Beziehung eventuell ignoriert oder nicht sehen wollen? War die Liebe, die man bisher als ganz selbstverständlichen Bestandteil des Lebens betrachtet hat, vielleicht schon seit geraumer Zeit in demselben Stadium angekommen wie die Konversationsthemen von Bill Withers und den anderen alten Männern: entzaubert, verbraucht?

Und wenn das der Fall sein sollte: Was wäre denn die Alternative zu der Entscheidung, die Konsequenzen zu ziehen und auseinanderzugehen? Was für einen Sinn hätte es, sich an einem Partner festzuklammern, der innerlich schon längst den Rückzug angetreten hat?

In Situationen, in denen nichts mehr zu gewinnen ist, geht es nur noch um eines: einen guten Abgang hinzulegen. Das kostet kurzfristig enorm viel psychische Energie, zahlt sich langfristig aber aus. Tony Webster, der Held aus Julian Barnes' meisterhaftem Roman »Vom Ende einer Geschichte«, stellt sich im Herbst seines Lebens die Frage: »Hatte mein Leben sich gesteigert oder nur vermehrt?«

Das Scheitern einer Liebe – so traurig es ist – bietet uns die Chance, unser Leben zu steigern. Die subjektive Bilanzierung eines persönlichen Fiaskos, der offensive Blick ins Auge des Taifuns, möglicherweise mit ausgelöst durch eigenes Versagen, gehört zu den schwersten disziplinarischen Übungen. Selbsterkenntnis ist zwar tatsächlich der erste Weg zur Besserung. Das ändert allerdings nichts daran, dass es verdammt wehtut, bewusst an die eigenen Grenzen zu stoßen, gravierende Fehler auch als solche zu benennen, niemandem die Schuld zu geben – außer der eigenen Blindheit. Und sich schließlich in Flexibilität zu schulen, um Niederlagen in Zukunft zu verhindern. Dazu gehört vor allem, das eigene Verhaltensrepertoire zu erweitern, um es nötigenfalls veränderten Bedingungen anpassen zu können.

Einer der wichtigsten Leitsätze der Flower-Power-Indien-Guru-Zeit lautete, dass alles Lebendige im Fluss ist. Diese Erkenntnis ist als eine der wenigen noch heute uneingeschränkt gültig. Sie hat etwas Beängstigendes, denn sie beinhaltet, dass auch schmerzhafte Veränderungen notwendig sind. Und dass wir immer wach sein müssen. Immer aufmerksam. Immer präsent im Hier und Jetzt.

ABENTEUER,

auf die man sich einlassen sollte

»Ich hab immer gedacht: früher Tod, großer Ruhm. Es geht auch anders: später Tod, großer Ruhm.«

UDO LINDENBERG

Die Glory Days in der Lebensmitte: Warum es ein Glück sein kann, wenn Erfolg, Anerkennung oder die große Liebe erst spät kommen

DIE SCHRIFTSTELLERIN Françoise Sagan war 18, als sie ihr erstes Buch schrieb. »Bonjour tristesse«, der Roman über eine 17-Jährige, die in den Sommerferien am Mittelmeer zwei Geliebte ihres Vaters aus dessen Leben drängt, wurde ein Welterfolg. Fällt der Name Sagan, hat man bis heute eine hübsche junge Frau vor Augen, die mit ihrem Sportwagen eine Küstenstraße entlangbraust. Dieses Bild im Kopf, lehnt man sich zurück, registriert, wie sich ein wehmütiges Gefühl in der Bauchgegend ausbreitet, und denkt sich: Wie schön muss es sein, in sehr jungen Jahren schon Erfolg zu haben. Man würde sich in Ruhm und finanzieller Unabhängigkeit sonnen und den Rest seines Lebens damit verbringen, dieses Glück zu genießen.

Die Welt liebt die früh vollendeten Genies. Vielleicht liegt es daran, dass diese Überflieger den Eindruck erwecken, sie hätten ihre Erfolge ganz spielerisch errungen. Von Ehrgeiz verzerrte Gesichtszüge, schweißgetränkte T-Shirts oder vom Grübeln zerfurchte Stirnen – all das passt nicht zu unserer Vorstellung des Götterlieblings.

Allerdings blenden wir bei dieser Betrachtungsweise vieles aus, was wir nicht wissen können oder nicht sehen wollen. Wir verdrängen zum Beispiel ein Phänomen, das der Philosoph Jean Beaudrillard die »unverletzliche goldene Regel der Dualität« der menschlichen Existenz nennt. Irgendwann, so hat er bei der Analyse vieler Biografien beobachtet, stößt der Mensch seine im Leben erreichten Schätze und Meriten wieder um.

Prominente Beispiele sind Helmut Kohl, der mit der Parteispendenaffäre sein Lebenswerk beschädigte, oder der Rennfahrer Michael Schumacher, dessen Comeback 2010 eher unglücklich als glorios verlief. Nur wenigen wird ein Leben beschert, in denen sich die Glory Days aneinanderreihen wie Perlen an einer Schnur. Eher ist es so, dass manche sehr lange warten müssen, bis sich – spät, aber noch rechtzeitig – lang gehegte Träume erfüllen. Sei es eine späte Liebe oder ein beruflicher Erfolg, der – lange vorbereitet – endlich doch noch über uns herniederprasselt wie ein erlösender warmer Regen. Anderen wiederum passiert es, dass nach einem Paukenschlag am Anfang des Lebens nur noch ein Nachhall folgt – und dann die große Stille.

Der Philosoph Arthur Schopenhauer stellt in seiner Betrachtung »Vom Unterschiede der Lebensalter« fest, »dass der Charakter fast jedes Menschen einem Lebensalter vorzugsweise angemessen zu sein scheint, sodass er in diesem sich vorteilhafter ausnimmt.« Schopenhauer macht sich auch Gedanken über die Frage, wie dieses Phänomen zu erklären sei. »Einige sind liebenswürdige Jünglinge, und dann ist's vorbei; andere kräftige, tätige Männer, denen das Alter allen Wert raubt; manche stellen sich am vorteilhaftesten im Alter dar, als wo sie milder, weil erfahrener und gelassener sind (...). Die Sache muss darauf beruhen, dass der Charakter selbst etwas Jugendliches, Männliches oder Ältliches an sich hat, womit das jedesmalige Lebensalter übereinstimmt oder als Korrektiv entgegenwirkt.«

Wir sollten daher nicht in Trübsal versinken, wenn unsere eigenen Glory Days ein bisschen später beginnen als bei Zeitgenossen, die wir von ferne bewundern. Die Mitte des Lebens ist eigentlich der perfekte Moment für Überraschungen und Metamorphosen jeglicher Art. Wir brauchen einen neuen Kick. Und es gibt viele Beispiele dafür, dass Menschen, die die ersten drei Jahrzehnte ihres Lebens als Spätentwickler verdämmert haben, nun auf ihre Glanzzeit zusteuern.

Paloma Picasso etwa wurde anlässlich ihres 40. Geburtstags gefragt, wie sie sich fühlen würde. Sie sagte nur: »Sehr gut. Endlich passt mein Alter zu mir. Ich bin für 40 gemacht.« Immer wieder erzählen Hollywoodstars, sie hätten sich in ihrer Schulzeit wie »ein hässliches Entlein« gefühlt. So zum Beispiel Liv Tyler. Heute ist die Welt begeistert von ihrer Ausstrahlung. Dabei ist sie so schön, weil sie sich nie nur auf ihr Äußeres verlassen hat. Und

Innere Werte

Um die 50, wenn die Elastizität der Haut nachlässt und die Oberflächenschönheit verblasst, entdeckt man plötzlich Perfektion und Grazie dort, wo man sie nie vermutet hätte. Eine Freundin berichtet von ihrer Darmspiegelung und wie begeistert sie die Fahrt durch ihre Eingeweide am Monitor mitverfolgte: »Was habe ich für einen schönen Darm!«

Ein Mitglied einer lustigen Damenrunde um die 60 erzählte mir sogar, sie und ihre Freundinnen hätten sich in geselliger Runde zum Videoabend versammelt. Gezeigt wurde nicht etwa der letzte James-Bond-Film, sondern alle vier brachten ihre persönliche Variante der Story mit: »In 30 Minuten durch den Dickdarm – ein 3-D-Abenteuer der besonderen Art.«

Man sollte die Euphorie, in die einen diese moderne Form der Introspektion versetzen kann, nicht unterschätzen. Auch ich erfuhr neulich beim Setzen eines Implantats Erhebendes über mein Innenleben. »Na, das ging doch schnell, oder?« Der Chirurg reichte mir die Hand, nachdem die Prozedur vorüber war. »Sie haben einen wunderbaren, gut geformten Unterkieferknochen! Da würde mancher meiner Patienten Sie drum beneiden.«

deshalb finden alle, die sie heute sehen, dass ihre Schönheit wie von innen angestrahlt wirkt.

Thomas Mann wurde für seine »Buddenbrooks« zwar schon in jungen Jahren gefeiert. Auf Fotos, die ihn in seinen Zwanzigern zeigen, wirkt er jedoch wie ein Hochstapler, der die Rolle des Bourgeois anprobiert. Erst mit Mitte 30, 40 waren sein Habitus und sein Image deckungsgleich.

Der amerikanische Evolutionsbiologe und Pulitzerpreisträger Jared Diamond hat eine besondere Spezies von Vögeln intensiv studiert. Auffallendes Merkmal dieser Tiere sind ihre langen, buschigen Federschwänze. Diese Schwänze behindern sie beim Fliegen, machen ihr Leben eher komplizierter, als dass sie den Tieren nützten. Warum hat die Evolution nicht entweder die Vögel oder die Schwänze abgeschafft? Warum ermutigt die Natur die Weibchen, diese gehandicapten Männchen auszuwählen? Weil die Natur den Steigerungsfaktor »Trotzdem« eingebaut hat, der Tiere ebenso beeindruckt wie Menschen: Wenn ein Vogelmännchen es schafft, sich über die Jahre trotz seines Handicaps zu behaupten – wie unermesslich stark muss es da sein?

Dieser Steigerungsfaktor »Trotzdem« treibt gerade in den mittleren Jahren auch uns Menschen an, uns selbst noch einmal neu zu erfinden. Trotz der möglicherweise nur mittelmäßigen Ausrüstung an Talenten und optischen Vorzügen, mit denen wir zur Welt gekommen sind, lassen wir uns nicht mehr davon abhalten, aus diesen Anlagen etwas Außerordentliches zu machen.

Jeder hat das Zeug zur Diva. Warum man sich die schlechteste Sängerin der Welt als glücklichen Menschen vorstellen muss

Gewidmet all jenen, »die vom Leben mehr erwarten als ein Butterbrot«. Dieses Motto stellte der Schriftsteller Alfred Döblin seinem Roman »Berlin Alexanderplatz« voran. Was hält uns eigentlich davon ab, mit 40 plus – im Döblinschen Sinne – unser Leben in ein Champagnerdiner zu verwandeln?

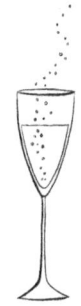

Das Beispiel der amerikanischen Erbin Florence Foster Jenkins (1868–1944) zeigt, wie man aus mäßiger Begabung das Beste macht. Fosters Vater hatte sich geweigert, der Musikbegeisterten ein Gesangsstudium zu finanzieren. Auch ihr Ehemann war der Ansicht, ihre Stimme sei zu schlecht, um eine Karriere als Sängerin anzustreben. Nach dem Tod ihres Vaters nahm sie Gesangsunterricht und gab 1912, im Alter von 44, ihr erstes Konzert.

Schon bald verbreitete sich in ihrer Heimatstadt Philadelphia der Ruf, sie sei die schlechteste Sängerin der Welt. Trotzdem pilgerte eine treue Fangemeinde zu jedem ihrer Auftritte. Mit 76 Jahren gab sie ein Konzert in der Carnegie Hall. Es war Wochen vorher ausverkauft. »People may say, I can't sing. But they will never say I didn't sing«, war das Motto der Exzentrikerin, die der Welt zeigte, dass jeder von uns das Zeug zur Diva hat.

Wenn wir eine besonders gute Mahlzeit vor uns haben, bewahren wir den köstlichsten Teil – etwa ein Lammkotelett – manchmal bis zum Schluss auf. Wir sind dann schon ein bisschen gesättigt, können daher das Kotelett langsam und intensiv genießen. Ein ähnlicher Mechanismus tritt zutage, wenn das Leben uns erst spät einen lange herbeigesehnten und vielleicht nicht mehr erwarteten Höhepunkt beschert. Es ist ein kleiner Sieg über den Tod und widerlegt die landläufige Vorstellung, dass die Kurve des Lebens irgendwann zwangsläufig nach unten zeigt. Das macht solche Höhepunkte besonders kostbar.

Aus schmerzlichen Erfahrungen wird Stoff für große Kunst

Der in New York lebende Autor Louis Begley hatte bereits eine Karriere als Anwalt hinter sich, als er im Alter von 58 Jahren seinen ersten Roman schrieb. »Lügen in Zeiten des Krieges« war sofort ein großer Erfolg. Seine Frau, die Schriftstellerin Anka Muhlstein, fand dafür in einem Fernsehbeitrag eine interessante Erklärung. Wie viele vor den Nazis geflohenen Juden aus Begleys Generation habe ihr Mann jahrzehntelang einen riesigen Vorrat an hochemotionalen Erlebnissen mit sich herumgetragen. »Diese enor-

Junge Stars und alte Schuhe

Die Entertainment-Industrie wird dadurch in Fahrt gehalten, dass ständig neue Talente auf die Bühne drängen und durch Schönheit, Frechheit oder andere starke Reize die etwas älteren Talente in den Hintergrund schieben. Da ist es sehr beruhigend, dass es auch Charaktere gibt, die im Windschatten der jeweils aktuellen Stars still und leise ihre Arbeit machen, von den Fans mit der gleichen Selbstverständlichkeit verehrt wie ein vertrautes Möbelstück.

Der Schauspieler Harrison Ford ist einer dieser Menschen. »Ich bin wie ein ausgetretenes Paar Schuhe«, sagt er über sich selbst. »Ich war nie hip. Und ich glaube, das ist der Grund dafür, dass ich immer noch zu tun habe. Ich war nie so angesagt, dass man irgendwann glaubte, mich durch jemand Neuen ersetzen zu müssen.«

me aufgestaute Energie brach plötzlich aus ihm heraus.« Und riss Millionen Leser mit. Aus schmerzlichen Erfahrungen wurde der Stoff für große Kunst.

»Wie lange haben Sie diese Rolle köcheln lassen?«, fragte ein Reporter den Ausnahmeschauspieler Christoph Waltz, als er vor der Oscar-Verleihung 2010 über den roten Teppich schritt. Waltz war bereits 50 Jahre alt, als der

Regisseur Quentin Tarantino ihm die Rolle seines Lebens anbot – den Oberst Landa in »Inglourious Basterds«. Der Charakterdarsteller, der sein Potenzial in Deutschland nie ganz entfalten konnte, nutzte seine Chance – und ist seitdem ein hochgeschätzter Profi in Hollywood. Und auf die Frage des Reporters antwortete er gut gelaunt: »Wie lange ich die Rolle köcheln ließ? Na, so 32, 33 Jahre. Aber je länger es kocht, desto würziger schmeckt's.«

Es sind diese späten Chancen, die uns mit manchen Kränkungen früherer Jahre versöhnen. Wenn der Spätberufene spürt, dass seine Glory Days anbrechen, hat er seine innere Mitte schon gefunden. Ihm bleibt eine Prüfung erspart, die den meisten jungen Genies zu schaffen macht: Jede Form von öffentlicher Aufmerksamkeit, jeder von den Medien hochgeputschte Hype ebbt irgendwann ab oder verpufft im schlimmsten Fall komplett.

Wer erinnert sich noch an den jungen, smarten Finanzberater und Autor Bodo Schäfer, der Ende der 90er-Jahre landauf, landab die Mehrzweckhallen füllte, indem er seinen Fans versprach, auch sie könnten »In sieben Jahren zum Millionär« werden? Sein gleichnamiges Buch stand monatelang auf den Bestsellerlisten. Von dem Mann und seinem Konzept spricht heute keiner mehr.

Wer früh ein Maximum an Anerkennung erntet, wird mit der Erfahrung ihres Entzugs nur schwer fertigwerden. Vielleicht zerbricht er sogar daran. Der Spätberufene hingegen nimmt seine Triumphe gelassen hin. Sie sind nicht die exklusive Quelle seines Selbstbewusstseins. Sondern das Sahnehäubchen eines auch sonst gelungenen Lebens.

Küchenpsychologie

Eine Freundin von mir ist eine talentierte Laien-psychologin. Immer wenn meine Stimme diesen klagenden Unterton annimmt, der darauf schlie-ßen lässt, dass ich mich bei ihr über irgendein mir angetanes Unrecht ausheulen will, konfron-tiert sie mich mit folgendem Satz: »Was wäre denn die Alternative zu diesem Zustand, den du beklagst?« Ja, was wäre die Alternative zu der Tatsa-che, dass man zum Beispiel seinen 50. Geburts-tag feiert? Das ist schnell gesagt: Die Alternative zum Älterwerden wäre tot zu sein. Und die erscheint den wenigsten Menschen wirklich attrak-tiv. Vor diesem Hintergrund versteht man die Ant-wort umso besser, die die Schauspielerin Meryl Streep bei einem Interview auf die Frage gab, woran es denn liege, dass sie mehr Humor und Lebensfreude verströme, je älter sie werde? Streeps Kommentar: »Am Leben. Am zunehmen-den Bewusstsein der eigenen Vergänglichkeit. Ich habe so viele Freunde verloren. Auch Freunde, die viel jünger waren als ich. And I'm fucking happy to be here.«

Warum jeder Mensch zwei Freunde braucht: einen warmherzigen Kritiker und einen hingerissenen Fan

SABINE IST EIN PAAR MONATE jünger als ich und studierte Jura in München, wo ich mich gerade immatrikuliert hatte. Ich wollte ein Apartment mieten, das ihrer Mutter gehörte. Die Mutter verspätete sich, deshalb nahm Sabine mich an der Haustür in Empfang. Wir plauderten, als würden wir uns ewig kennen. Irgendwann kam die Mutter, und ich unterschrieb den Mietvertrag.

Intuitiv spürte ich es sofort, aber erst viel später wurde mir bewusst, dass ich damals, im Herbst 1984, zum ersten Mal in meinem Leben einer Seelenverwandten begegnet war. Es gab Kinderfreundschaften, Pubertätsfreundschaften und empathische Gefährtinnen, mit denen ich die Wirren komplizierter Lieben besprach. Aber bis zu diesem Zeitpunkt war es mir noch nie passiert, dass ich in den Augen eines anderen Menschen dieses Gefühl aufblitzen sah, mit dem ich selbst von morgens bis abends durch die

Gegend lief: ein existenzielles Fremdeln gegenüber der Welt und ihren schwer zu durchschauenden Bewohnern.

Es gibt viele Bücher, die die angeblich so großen Unterschiede zwischen Männern und Frauen aufzählen. Angeblich leben die einen auf der Venus, die anderen auf dem Mars. Angeblich hören die einen nicht zu, dafür können die anderen nicht einparken. Ich registriere all diese Zuschreibungen mit Interesse, finde dafür aber keine Belege in meiner eigenen Erfahrungswelt.

Natürlich sind Menschen sehr unterschiedlich. Aber der Graben verläuft nicht zwischen Männern und Frauen, sondern zwischen Individuen eines bestimmten Typs. Eine mitteleuropäische Frau hat mit einem männlichen australischen Aborigine, der über ein spezielles Temperament verfügt, möglicherweise mehr gemeinsam als mit den meisten ihrer Nachbarinnen. Und hier wage ich mich mit einer angreifbaren These aufs soziologische Parkett: Ich glaube, dass die Menschheit unsichtbar und ohne sich darüber bewusst zu sein, in vielen sehr unterschiedlichen Klubs organisiert ist. Es gibt den Klub der Hedonisten, den Klub der erfahrungssüchtigen Abenteurer, den Klub der stillen Tiefgründler, den Klub der Erkenntnissucher, den Klub der Führungsspieler, den Klub der geselligen Wärmespender und viele mehr. Die Angehörigen dieser inoffiziellen Klubs tragen keine Mitgliedsausweise und halten keine Jahreshauptversammlungen ab. Aber wenn ihnen ein anderes Mitglied ihres Vereins über den Weg läuft, erkennen sie es sofort. Und fühlen sich intuitiv zu ihm hingezogen.

Sabine ist, wie ich, im Klub der Erkenntnissucher. Das Interesse an originellen Theorien über die Welt ist das Motiv, das uns zusammenschweißt. Darüber hinaus verfügt sie über eine Stärke, die ihr besonderen Charme verleiht: Kompromisslosigkeit. Sie lächelt nur, wenn es einen guten Grund dafür gibt, sie kann nicht anders. Ein Charakterzug, mit dem sie manchmal aneckt, der aber mit dafür verantwortlich ist, dass ich zu ihrem Fan wurde.

Um ein bisschen Geld zu verdienen, verdingte sie sich während des Oktoberfests einmal als Münchner Kindl. Zu dieser Rolle gehörte es, dass sie in der typischen bodenlangen Kutte beim Wiesn-Umzug mitlief. Später sollte sie in diesem Aufzug durch die Zelte ziehen und den Festbesuchern an einer Schnur befestigte Metallplaketten mit Münchner-Kindl-Motiv zum Kauf anbieten. Doch diese Waren anzupreisen und damit indirekt auch sich selbst anzubieten, war wider ihre Natur. Mit grimmigem Gesicht zog sie beim Wiesn-Umzug an den Schaulustigen vorbei. Später erzählte sie mir, wie sie während dieses Spießrutenlaufs eine Bemerkung aufschnappte, die ein Zuschauer zu seiner neben ihm stehenden Frau machte: »Wenn die ned lächelt, wird's koa G'schäft macha.« Tatsächlich warf sie den Job nach wenigen Tagen hin.

Seit dieser Zeit sind wir gemeinsam durch Ausstellungen, Städte und Gedankenräume flaniert. Nach dem Ende unserer Studienjahre wurde die Freundschafts-Pflege komplizierter. Ich blieb in München, wurde Journalistin und heiratete einen Kollegen. Sie schaffte sich als furchtlose Richterin und Staatsanwältin im niederbayerischen

Landshut Respekt. Wir hörten oft lange nichts voneinander, denn in Sachen Kommunikation sind wir genügsam wie Kakteen: Man muss uns nicht täglich mit Zuspruch begießen. Es reicht, dass die andere in Kopf und Herz präsent ist.

Irgendwann fiel mir auf, dass fast zwei Jahre vergangen waren, ohne dass wir etwas voneinander gehört hatten. Das war eindeutig zu lang, selbst für pflegeleichte Wüstenpflanzen unseres Schlags. Und plötzlich packte mich die Angst, dass ich eine wunderbare Freundschaft aufs Spiel gesetzt hatte und dass es vielleicht zu spät sein könnte, wieder an die alte Vertrautheit anzuknüpfen.

Die Furcht war berechtigt gewesen, denn in Sabines Orbit kreisten – wie ich feststellen musste – inzwischen andere Frauen, die ihre Originalität und intellektuelle Weite ebenso zu schätzen wussten wie ich.

Ich quittierte es mit einem Anflug von Eifersucht. Und lernte folgende Lektion: Man darf eine bewährte Freundschaft nicht einfach sich selbst überlassen wie einen verwilderten Garten. Man muss ihr ein Minimum an Pflege angedeihen lassen. Nur ab und zu mal telefonieren – das genügt nicht. Um Herzensbeziehungen lebendig zu halten, muss man das Gleiche tun, was Eheberater Paaren in der Midlife-Crisis empfehlen: gemeinsam etwas erleben.

Manchmal braucht man einen Menschen, der sagt: »Du, geh da rüber. Da wirkst du besser.«

Zum Glück ist es nie zu spät, aus einer solchen Einsicht Konsequenzen zu ziehen. Das mittlere Alter bietet reichlich Gelegenheit, Ungelebtes nachzuholen und Versäumtes zu korrigieren – gerade auch, was Freundschaften betrifft. In dieser Zeit entdecken wir oft erst den Wert solcher Seelenverwandtschaften. Wie ein schon etwas beschlagener und deshalb sehr gnädiger Spiegel bewahren uns Freunde, vor allem solche, die uns schon lange begleiten, davor, dass wir uns gehen lassen. Ihr ehrliches, aber so schonend wie möglich vorgetragenes Feedback motiviert und ermöglicht es uns, besser auszusehen, als wir es würden, wenn es diesen Spiegel nicht gäbe.

Warum dieses Korrektiv so wichtig ist und wie es funktioniert, hat der Kabarettist Gerhard Polt in einem Interview aus Anlass seines 70. Geburtstags mit der *Frankfurter Allgemeinen Sonntagszeitung* erklärt. In dem Gespräch wurde der Humorist gefragt, ob er schon einmal greisenhafte Züge an sich entdeckt hätte. »Ich beobachte mich nicht so«, antwortete Polt. »Warum hat ein Schauspieler einen Regisseur? Weil er sich selbst zum Teil nicht sieht auf der Bühne. Er braucht Hilfe. Der unten sagt: Du, geh da rüber, da wirkst du besser. Von daher müssen Sie es immer anderen Leuten überlassen, ob die meinen, jetzt ist er aber alt geworden. Meistens sagen sie es hinter vorgehaltener Hand, aber es wäre schön, wenn einer einen aufmerksam macht und sagt: Schau, das, was du jetzt sagst, das ist die Haltung eines sich zurückziehenden Menschen.«

Der Fluch des Babyface

Wer sich darüber grämt, dass die Querfalten auf seiner Stirn sich immer mehr vertiefen, die Krähenfüße sich immer mehr verzweigen, sollte darüber nachdenken, den Job oder das Milieu zu wechseln. Es gibt nämlich Bereiche des öffentlichen Lebens, da kann man mit Falten, krummen Nasen oder Ecken und Kanten sein Image profilieren und andere Menschen sehr glücklich machen. So fielen britische Karikaturisten nach der Wahl David Camerons zum Premierminister in eine kollektive Depression. Sein Vorgänger Tony Blair hatte ihnen mit seinen Geheimratsecken den Job leicht gemacht, Gordon Brown schenkte ihnen einen düsteren Blick und bulldoggenhafte Hängebacken. David Cameron jedoch: »Er hat ein fast unwirklich glattes Gesicht«, klagte Steve Bell vom Guardian. »Fast gummiartig.« Noch schwieriger sei die Sache bei Camerons Vize Nick Clegg: »Selbst so etwas Grundlegendes wie seine Kopfform zu erfassen, fällt nicht leicht.«

»Du bist Hausfrau? Was machst du denn den ganzen Tag?« Solche Sätze haben die Zerstörungskraft von Tellerminen

Unangenehme Wahrheiten an uns heranzulassen, fällt leichter, wenn wir spüren, dass derjenige, der sie ausspricht, es aus echtem Interesse an unserem Seelenheil tut. Wenn er unsere Empfindlichkeiten kennt und entsprechend sensibel zu Werke geht.

Wer einen solchen warmherzigen Kritiker an seiner Seite hat, sollte ihn hegen und pflegen. Denn Freundschaften in mittleren Jahren sind auch ein explosives Terrain. Manche jahrzehntelang bewährte Kameradschaft geht jetzt zu Bruch. Schuld kann eine gedankenlos hingeworfene Bemerkung sein, eine dem Freund vorenthaltene wichtige Information, ein Kommentar, der den gewählten Lebensentwurf infrage stellt. »Wie, du bist immer noch Hausfrau? Aber deine Kinder sind doch längst flügge. Was machst du denn den ganzen Tag?«, »Du hast die Wohnung also doch nicht gekauft? Na ja, du warst schon immer ein Angsthase. Solche Eigenschaften verstärken sich ja mit dem Alter.« Oder: »Du als Beamter hast gut reden. Du fährst ja seit 30 Jahren mit Vollkaskoversicherung durchs Leben.«

Solche Sätze haben jetzt die Zerstörungskraft von Tellerminen. Denn man ist dünnhäutig geworden mit den Jahren, schleppt so manche nicht ausgeheilte Verletzung mit sich herum. Man ist vielleicht selbst nicht ganz im Reinen mit früheren Entscheidungen, die nun nicht mehr ohne Weiteres revidierbar sind. Gerade deshalb verteidigt man sein Lebensmodell mit der Bissigkeit eines Dackels, verbellt jeden, der Unruhe im Revier verbreiten könnte. Man verteidigt sich umso vehementer, weil der eigene Daseinsentwurf ja nicht – wie noch im Alter von 25 oder 30 Jahren – eine Skizze ist, die man leicht abändern kann. Man hat ein durchkomponiertes Gemälde geschaffen. Wenn das von den anderen kritisiert wird – was bleibt dann übrig von uns? Wir erkennen unsere Verletzlichkeit. Umso härter trifft uns eine Bemerkung, die alles, auf das wir unser Leben gründen, zunichtemacht.

Gute Freunde, böse Freunde: Warum man bei der Auswahl seiner Gesellschaft zum Snob werden sollte

Nicht nur wegen solcher Erlebnisse kommt es jetzt zu radikalen Brüchen in altgedienten Freundschaften. Es gibt auch andere, viel subtilere Beobachtungen, aus denen man radikale Schlüsse zieht. So traf ich mich einmal abends mit einem guten Bekannten zum Essen, der ungeniert heraushängen ließ, dass er an diesem Tag nicht in Topform war. »Das viele Sitzen im Job ist Gift für meine Figur. Ich habe in den letzten Monaten 5 Kilo zugenommen«, beschwerte er sich. Worauf ich ihm versicherte:

Aus der Zeit gefallen

Woran merkt man, dass man alt wird? Etwa daran, dass man sich keine Schnürschuhe mehr kauft, sondern nur noch Loafers zum Hineinschlüpfen, weil man zu steif ist, sich hinunterzubeugen und die Schnürsenkel zuzubinden. So dachte ich früher. Dabei braucht man heutzutage nur die Münchner Filiale des Kaufhauses Manufaktum zu betreten, um innerhalb von Sekunden in die Liga der Gestrigen katapultiert zu werden. Eine Welle grauhaariger Flaneure in Lodenmänteln trug mich ins Innere des Ladens und spülte mich vor die Auslage mit den Wählscheibentelefonen. Dort stand ein etwa 40-jähriger Mann und erklärte seinem kleinen Sohn: »Schau mal, mit solchen Geräten hat Opa noch telefoniert. Das kann man sich gar nicht mehr vorstellen, gell?«

»Aber nein, lieber X, du hast doch eine super Figur.« Er ließ sich davon nur schwer überzeugen und legte mit einem weiteren Erlebnis nach: »Ich hatte neulich den Notarzt da.« – »Oh Gott, du warst krank? Was ist denn passiert?« Sein Herz, so erzählte X, habe plötzlich so unregelmäßig geschlagen. Er sei darüber äußerst beunruhigt gewesen. Als es zwei Stunden später immer noch nicht besser war, rief er seine Mutter an. Sie habe ihn darin bestätigt, dass er den Notarzt alarmieren solle. »Oh je«, sagte ich bestürzt, »und was kam dabei heraus?« »Nichts«, antwortete X. »Er hat ein EKG gemacht, es war alles in Ordnung.« – »Aber trotzdem ist man natürlich erschrocken«, sagte ich, um keinesfalls den Eindruck zu erwecken, dass ich ihn für einen Hypochonder hielt. Seine Miene blieb weiterhin ernst wie die eines trostbedürftigen Kindes.

Dies änderte sich jedoch in dem Moment, als eine junge, dunkellockige Frau mit einer Freundin das Restaurant betrat. Und ich aus nächster Nähe mit ansehen konnte, wie mit X eine wundersame Wandlung vorging. Gerade noch ein Häuflein Elend mit hängenden Schultern und Mundwinkeln, straffte er seine Haltung, sein Gesicht nahm einen erfreuten, aufmerksamen Ausdruck an, und er winkte zu der Frau hinüber: »Hallo Miriam, na so ein Zufall!« Die Frau grüßte freundlich zurück, was die Stimmung von X weiter befeuerte. Seine Wangen glühten nun in einem euphorisierten rötlichen Schimmer. »Und übrigens, du siehst mal wieder toll aus in dem Kleid.«

Den Rest des Abends brachten wir beide einsilbig hinter uns. Schließlich lief ich ein wenig deprimiert in die Nacht hinaus. Was war hier eigentlich geschehen? Ich tat mein Bestes, um den Mann aufzubauen. Er kippte mir seine Frustration vor die Füße. Kaum betritt eine wesentlich jüngere Frau den Raum, gibt er plötzlich eine quietschvergnügte Performance als Gockel. Welche Rolle habe ich bei dieser Aufführung eigentlich gespielt? Die Rolle der Mutti, des seelischen Mülleimers. Einer Frau, in deren

Gegenwart man sich nicht bemühen muss. Aus welchen Gründen auch immer.

Ich versank ein, zwei Minuten lang in den Sümpfen der Traurigkeit. Dann formulierte ich in Gedanken den kategorischen Imperativ in Sachen Freundschaft: So wie man im Lauf der Zeit manche Lebensmittel meidet – etwa Zwiebeln –, weil man sie nicht mehr besonders gut verträgt, so sollte man auch Menschen ausweichen, die einen nicht wirklich zu schätzen wissen. Ab einem gewissen Alter ist es okay, bei der Auswahl seiner Gesellschaft zum Snob zu werden. So bleibt uns mehr Zeit, uns auf die Freunde zu konzentrieren, auf die es ankommt. Neben dem warmherzigen Kritiker, der uns davor bewahrt, uns in Selbstgerechtigkeit zu suhlen, gibt es noch einen weiteren Typus Freund, den wir uns nicht durch Nachlässigkeit vergraulen sollten: den Fan.

Jeder kennt einen solchen Menschen, der einem rückhaltlose Bewunderung entgegenbringt, egal, ob man sie verdient hat oder nicht. Manche Menschen – die Glücklichen! – werden sogar von einer vielköpfigen Fangemeinde angehimmelt. Das ist beneidenswert. Aber im Grunde genügt eine einzige Person, die uns gelegentlich mit einem auf den Punkt gegarten Kompliment aus der Fassung bringt. Etwa mit einer Bemerkung dieser Art: »Ich war übrigens gestern mit der X essen. Und weißt du, was mir dabei durch den Kopf gegangen ist? Die X ist eine nette Person, aber für Mode hat sie überhaupt kein Händchen. Egal, was sie anzieht, sie sieht immer aus wie eine einfache Frau. Du hingegen brauchst nur zwei, drei Handgriffe, um dich morgens in eine anbetungswürdige Lady zu verwandeln.« Solche Sätze können uns, wenn uns der Blues packt, den Tag retten.

Manchmal hilft es, ein Problem weiterzureichen wie einen seltsamen Stein

Vergessen wir nicht, uns von Zeit zu Zeit zu revanchieren – bei den Menschen, deren Fan wir sind. Das müssen übrigens nicht die gleichen sein wie die, die unsere Bewunderer sind. Versprühen wir unsere Güte und Wertschätzung, ohne zu hadern, ob das Konto auch ausgeglichen ist. Machen wir den Freunden, die es verdienen, ein Kompliment, das ihnen zeigt, dass wir ihr innerstes Wesen verstanden haben. Sparen wir nicht mit Lob, Anerkennung, Zeit und Aufmerksamkeit. Ohne sie, unsere geliebten Freunde, stünden wir nämlich da wie die Besucherinnen des Wiesbadener Ball des Sports, von denen mir eine Kollegin erzählte.

Beim Besuch dieser Veranstaltung war ihr aufgefallen, dass an dem Abend viele traurige Frauen um die 60 den Saal bevölkerten. »Warum waren sie traurig?«, fragte ich. »Sie waren alleine oder im Schlepptau anderer Paare da. Ich vermute, dass sie frisch getrennt waren, ihre Männer hatten sie verlassen«, spekulierte die kluge Kollegin. Die Frauen hatten etwas getan, was eigentlich ganz logisch ist: Sie versuchten, vertraute Rituale aufrechtzuerhalten und sich zu amüsieren – auch ohne Mann. Umringt von sich im Walzertakt wiegenden Paaren, merkten sie, dass dieser Plan nicht aufging. Was sie brauchten, war eine neue Vision von ihrem Leben als alleinstehende Frau.

Was gibt es in solchen Momenten Tröstlicheres, als sich Unterstützung zu holen? »Wenn Trauer oder Niedergeschlagenheit uns unter die Haut kriechen, hilft es, das Problem einfach weiterzureichen wie einen seltsam geformten und gefärbten Stein«, sagte die kluge Kollegin. »Von diesem Stein kann man vielleicht im Augenblick nur sagen: Er sieht dunkel aus, macht mir Angst und hat ganz harte Kanten. Und dann hält ihn eine andere Frau gegen das Licht und seufzt fasziniert: ›Hast du das herrliche Rubinrot bemerkt? Du musst ihn natürlich ein bisschen kippen, er fühlt sich ganz warm an und hat neben den Kanten auch ein paar wunderbare Rundungen.‹«

Mit den Augen einer Freundin betrachtet, erscheint das Problem plötzlich viel facettenreicher und wird zum Schluss fantasievoll zerpflückt. Am nächsten Tag schaut die Welt auf jeden Fall
besser aus.

»Es pocht eine Sehnsucht an die Welt«: Über den Umgang mit verpassten Träumen. Oder: Warum man sich Herzenswünsche jetzt erfüllen sollte

Es WAR EIN BISSCHEN SO, als hätte die bezaubernde Jeannie, die Fee aus der gleichnamigen Fernsehserie der 60er-Jahre, ihre Arme verschränkt, mit dem Kopf genickt und eine ihrer kleinen magischen Überraschungen initiiert. »Pling!«, machte es in meinem E-Mail-Fach, und aus Gewohnheit, vielleicht auch aus Langeweile, schaute ich nach, was da gekommen war: ein Exposé mit dem Foto einer kleinen Berliner Wohnung.

Sie war keineswegs spektakulär, und die paar Hundert Menschen, die diese Mail im selben Augenblick erhielten, haben sie möglicherweise sofort gelöscht. Mich aber versetzte der Anblick dieses Fotos mit dem kleinen, aber hohen Raum und dem hellen Dielenboden in einen Begeisterungs-Bibber. Das Exposé hatte ein Berliner Makler geschickt. Bei einem meiner früheren Besuche in der Stadt war ich beim Bummel durch Prenzlauer Berg zufällig in eine sogenannte Sonntagsbesichtigung hineingeraten, einen Tag der offenen Tür, bei dem Makler potenziellen Kunden ihre Objekte präsentieren. Ich genoss es, im Kopf mit der Möglichkeit zu spielen, mir eine kleine Wohnung in Berlin zu kaufen, und ließ mich auf die Kundenliste setzen. Seitdem erhielt ich in regelmäßigen Abständen Informationen über neue Objekte zugeschickt. Kein einziges hatte mich bisher interessiert, auch lagen die meisten jenseits der Grenze dessen, was ich mir hätte leisten können.

Nun machte mit einem glockenhellen »Pling« diese Ein-Zimmer-Wohnung auf sich aufmerksam und rief eine lang gehätschelte Sehnsucht wach. Wie wäre es, eine Teilzeit-Existenz in meiner Lieblingsstadt Berlin zu führen? Dafür brauchte ich dort ein Zuhause, eine Wohnung, die mir – wann immer mich das Heimweh nach dieser Stadt packen würde – ohne lange Absprachen und Vorbereitungen zur Verfügung stünde. Denn: Geht es uns mit Städten nicht ähnlich wie mit Menschen? Manche langweilen uns, manche überfordern uns, manche fordern uns heraus, manche stoßen uns ab, und manche schließen wir beim ersten Besuch ins Herz. So ging es mir mit Berlin.

Berlin ist keine Mainstream-Schönheit. Das macht es leicht, sich in die Stadt zu verlieben

Wie kommt es, dass uns eine Stadt zur Herzensheimat wird, während eine andere uns kaltlässt? Ich glaube, irgendetwas an unseren Lieblingsstädten löst in uns das Gefühl von Verwandtschaft aus. Das hat mit unserem Temperament zu tun, mit biografischen Besonderheiten, aber auch mit Prägungen durch Kunst, Literatur oder eine bestimmte Art von Schönheit, die diese Stadt zu bieten hat.

Meine Berlin-Leidenschaft wurde an der Universität Bonn entfacht. Als ich mich im ersten Semester an der Uni einschrieb, war in den fürs Grundstudium vorgeschriebenen Kursen nur noch ein einziger Platz frei: in einem Seminar zum Thema »Expressionismus«. Ich hatte von dieser literarischen Epoche noch nie etwas gehört. Expressionismus, das klang nach Pathos, Drama, übertriebenen Gefühlen. Dinge, die mir suspekt waren. Bis ich damit begann, mir Dichter und Gedichte einmal näher anzusehen. Ich war sofort bezaubert von Zeilen wie diesen: »Wo soll ich hin, wenn kalt der Nordsturm brüllt?/Die scheuen Tiere aus der Landschaft wagen sich/Und ich vor deine Tür, ein Bündel Wegerich.« Oder: »Regentropfen warm und groß/Machen aus der Nacht sich los.« Auszüge aus Gedichten von Else Lasker-Schüler und Peter Hille. Ich erfuhr, dass die beiden Literaten sich im Berliner Café des Westens getroffen hatten, von der unglücklichen Liebe Else Lasker-Schülers zu Gottfried Benn. Beim nächsten Berlinbesuch wandelte ich auf ihren Spuren, klapperte alle Schauplätze ab, die mir interessant erschienen, und ließ mich von der Atmosphäre gefangen nehmen, die anders und geheimnisvoller war als in Duisburg, Köln, Münster und in den anderen Städten, die ich gut kannte.

Geheimnisvoller auch als München, wo ich in den 80er-Jahren mein Studium fortsetzte. Als vom Niederrhein stammende, nach Bayern eingewanderte protestantische Studentin fand ich Münchens Heiterkeit und barocke Lebensart einerseits sehr anziehend. Andererseits war mir vieles, was mir hier auffiel, fremd. Das Selbstbewusstsein, mit dem manche Bürgerhäuser in der Nähe des Odeonsplatzes mit ihren ein bisschen zu überladenen Stuckverzierungen prunkten. Die Coolness, mit der Kommilitoninnen in der Juristen-Cafeteria ihre Angepasstheit und ihre Ketten aus echten Perlen präsentierten. Oder die automatische Geste, mit der die Flaneure auf der Leopoldstraße die Sonnenbrillen zückten, wenn an einem trüben Novembertag ein bisschen blauer Himmel hinter den Wolken aufblitzte. Interessant, das alles, aber fremd. Fremd und ein bisschen zu selbstgewiss für meinen Geschmack.

In München gibt es Tage und Orte, wo die Stadt Normalverdiener und optische Durchschnittsexistenzen sehr deutlich spüren lässt: Du gehörst nicht dazu. Berlin dagegen präsentierte sich bei meinen Besuchen vor der Wende traumverloren und melancholisch, wie man es von den Bildern des Künstlers Michael Sowa kennt. Diese Stimmung ist heute zwar nur noch selten und in wenigen Straßen zu finden, aber Berlin ist immer noch eine Stadt mit nicht komplett gefestigter Identität. Ein Organismus mit vielen Baustellen. Und das zieht Menschen an, in deren Innerem es genauso aussieht.

Deshalb erschien mir die kleine Wohnung so unwiderstehlich. An ihr war nichts Repräsentables, nichts Perfektioniertes, sie verströmte ein bohemehaftes Flair. Besonders ein Detail hatte es mir angetan. Obwohl das Apartment nur 48 Quadratmeter groß war und nur ein Zimmer hatte, besaß es eine hübsche kleine Loggia. Zu dieser Loggia führte eine dreiflügelige Tür mit alten Doppelfenstern, die es – ginge es nach den Lobbyisten der Energiespar- und Dämmindustrie – gar nicht mehr hätte geben dürfen. Die ganze Wohnung verkörperte Charme und Unvernunft. Und sie war zu einem Preis zu haben, den ich mir gerade eben leisten konnte – die Ersparnisse eines fast 25-jährigen Arbeitslebens. Ich musste sie haben.

»Es pocht eine Sehnsucht an die Welt, an der wir sterben müssen«, lautet eine Zeile in einem Gedicht von Else Lasker-Schüler. Jeder, der die 45 überschritten hat, trägt solche Sehnsüchte mit sich herum. Ideen und Vorstellungen von einem Leben parallel zu dem offiziellen, das wir führen. Diese Sehnsüchte schlummern lange Zeit still unter der Oberfläche. Zwischen 30 und 45, in der Rushhour des Lebens, gedeihen sie im toten Winkel unseres Daseins. Und wir sind viel zu abgelenkt, um sie wahrzunehmen. Es geht jetzt um Anderes. Wir müssen unseren Körper jeden Morgen durch den Berufsverkehr rechtzeitig an den Arbeitsplatz transportieren. Wir sind damit beschäftigt, bei der Telefongesellschaft anzurufen, die uns einen neuen Router zugeschickt hat. Angeblich ist der ganz leicht zu installieren, aber nun steht er im Flur und blinkt mit phosphoreszierend grünen Lichtern, aber das Internet funktioniert trotzdem nicht. Wir müssen die Kinder ins Bett bringen. Das erfordert Konzentration. Denn sie merken sofort, wenn wir beim Vorlesen der Geschichte von der kleinen Eule nicht ganz bei der Sache sind. Und wir dürfen nicht vergessen, in der Konferenz mit mindestens drei, vier Wortbeiträgen auf uns aufmerksam zu machen, damit der Chef darin bestätigt wird, dass es eine gute Idee war, uns einzustellen.

In diesen dauergeschäftigen Jahren beschleicht uns gelegentlich das Gefühl, zum »Zuschauer unseres Lebens« zu werden, schreibt Iris Radisch in ihrem in der *Zeit* veröffentlichten Essay »Vom Glück der Erleuchtung. Wer mehr vom Leben will, sollte seine Zeit besser nutzen. Ein Plädoyer«. »Es ist das Gefühl, nicht selbst zu leben, sondern gelebt zu werden. Selbst unbeteiligt zu sein und in den rasenden Umschlagsbewegungen der Gesellschaft wie eine herausgeputzte Kleiderpuppe hin- und hergeworfen zu werden und die Notbremse nicht zu finden. (…) Jahrhundertelang hat man sich Sorgen um das Leben nach dem Tod gemacht. Dass das Leben vor dem Tod gerade am Aussterben ist (…), sollte uns heute noch viel mehr Sorgen machen. (…) Am Ende wird klar, dass das Ganze nicht die Probe für etwas war, das noch kommt. Es war bereits die Aufführung. Und wir haben nichts anderes gemacht, als das Bühnenbild mit sehr viel Geld und sehr viel Arbeit aufwendig zu dekorieren.«

Was tun, wenn man ein großes Glück verpasst hat? Nach alternativen Sinnquellen suchen!

Wenn uns solche Erkenntnisse dämmern, geraten fundamentale Sehnsüchte plötzlich wieder in den Blick. Das führt manchmal zu Umbrüchen von enormer Radikalität. Einen dieser Umbrüche habe ich von der Zuschauerbank aus beobachten können.

Eine Kollegin hatte zu einer Geburtstagsfeier in ihre neue Wohnung geladen. Sechs Frauen und drei Männer saßen am Tisch und zerrissen mit den Händen saftige Pizzastücke. Der Rotwein, den sie dazu tranken, hatte ihre Wangen mit einem Glühen überzogen. Man sprach über die Highschool-Aufenthalte der Kinder. Und eine der Anwesenden erzählte, dass sie in ihrer Jugend selbst ein Jahr in den USA verbracht hatte. »In den 70er-Jahren? Da warst du Avantgarde«, sagte jemand. »Toll, dass so ein Auslandsjahr heute so selbstverständlich ist.«

Ihr Blick verschleierte sich. »Das ist wahr«, sagte sie. »Aber Eltern sollten sich auch darüber klar sein, was sie riskieren, wenn sie ihr Kind mit 15 oder 16 allein in die Fremde ziehen lassen.« Inzwischen waren auch die restlichen Gäste hellhörig geworden. Und die blonde Frau erzählte, was ihr passiert war. Sie war bei einer Familie im tiefsten Mittleren Westen gewesen. Und sie hatte sich in den etwa gleichaltrigen Sohn verliebt. Mit einer Intensität, die sie in späteren Beziehungen nie mehr erfahren hatte. Längst war sie selbst Mutter zweier halbwüchsiger

Kinder und seit 20 Jahren mit ihrem Mann zusammen. Vor einiger Zeit hatte sie über Facebook mit dem Schwarm von damals Kontakt aufgenommen. Er lebte immer noch in Indianapolis, hatte ebenfalls zwei Kinder, lebte aber von seiner Frau getrennt. Die Münchnerin entschloss sich spontan, ihn ein paar Tage zu besuchen. Sie wusste selbst nicht recht, was sie dazu trieb. Sie spürte nur, dass es für Glück keinen Ersatz gibt. Und dass verpasstes Glück eine sehr traurige Angelegenheit ist. Sie war nun fest davon überzeugt, ihr Glück verfehlt zu haben. Und sie war entschlossen, diesen Irrtum zu korrigieren. Nach dem Besuch bei ihrer amerikanischen Jugendliebe eröffnete sie den konsternierten Mitgliedern ihrer Familie, dass sie demnächst ein weiteres Mal nach Indianapolis fliegen werde. Diesmal für länger.

Wie alles ausgehen wird, ist bisher noch nicht entschieden. Aber eines steht fest: Um die 50 hat man eine ganze Menge Leben hinter sich. Und im toten Winkel des Lebens, dem nach vorne gerichteten Blick entzogen, hat sich viel Ungelebtes angesammelt. Man hat Schwerpunkte gesetzt, man hat Tatsachen geschaffen. Und den ein oder anderen reizvollen Nebenarm des Lebens, den man früher so gern mit einem kleinen Kanu erkundet hat, hat man nie wieder besucht. Nun steht man da – mit einer Biografie, die auch in Zukunft Überraschungen auszuschließen scheint.

Das Gebot der mittleren Jahre:
Du sollst deine Träume ernst nehmen

»Im Leben jedes Menschen gibt es einen Punkt Zeit oder, wenn man es in mathematisch-präziser Ausdrucksweise will, die Nachbarschaft eines Punktes, wo er entdeckt, dass er nur ist, was er ist«, konstatiert Jean Améry in seinem Essay »Der Blick der anderen«. »Niemand fragt ihn mehr: Was wirst du tun? Alle stellen fest, nüchtern und unerschütterlich: Das hast du schon getan. Die Anderen, so muss er erfahren, haben Bilanz gezogen und ihm einen Saldo vorgelegt, der er ist. Er ist Elektroingenieur, er wird es bleiben. Er ist Postbeamter, nun ja, da kann er noch Vorstand seines Amtes werden mit etwas Fleiß und Glück, das ist schon alles. Er ist Maler, erfolgloser oder erfolgreicher: Hat der Erfolg sich aufgesammelt in einer Summe von Lebens- und Schaffensereignissen, so bleibt er ihm weiter treu, auch wenn es Schwankungen auf dem Kunstmarkt gibt (…). Ist aber der Erfolg, das was erfolgt, die Wirkung seiner Kunst, ausgeblieben, dann ist es weiterhin das Nicht-Erfolgte als Negation seiner künstlerischen Existenz, das ihn kennzeichnet.«

Nun geht es uns – anders als vielleicht mit Mitte 20 – mit Mitte 40 nicht mehr darum, den anderen zu beweisen, was noch alles in uns steckt. Wir wissen es selbst, das genügt. Worum es aber jetzt geht, ist: uns glücklich zu machen. Das ist oft nicht ganz einfach, denn die meisten Menschen tragen – für die anderen unsichtbar – Wunden mit sich herum. Verletzungen aus der Vergangenheit, die noch nicht verheilt sind. Im Laufe einiger Sitzungen bei einem Therapeuten verstand ich, warum in den Jahrzehnten nach dem Krieg so viele Eltern ihre Kinder schlugen, vernachlässigten oder auf andere Weise schlecht behandelt haben. Sie taten es, weil sie selbst unglücklich waren.

Das entschuldigt ihr Benehmen zwar nicht, erklärt es aber zum Teil. Denn wer unglücklich ist, weil er keine Aufgabe hat, weil seine Ehe kein Zuhause ist, auch wenn sie nach außen hin intakt aussieht, oder weil die Kinder den Hunger der Eltern nach Lebenssinn nicht stillen konnten, der erträgt es nicht, andere Menschen glücklich zu sehen. Und oft ruht er nicht eher, bis die anderen ebenso unglücklich sind wie er selbst.

Glück schenken und fördern kann nur, wer selbst glücklich ist. Deshalb ist es so wichtig, dass man sich seine verpassten Träume erfüllt. Erst wenn wir uns wie ein satter, zufriedener Buddha in der Welt zu Hause fühlen, strahlen wir auch etwas ab, sind empathische Freunde, liebevolle Eltern und kreative Kollegen. Sich selbst glücklich zu machen ist die Voraussetzung zur Rettung unserer kleinen Welt.

Manchmal kaufen wir uns eine verschnörkelte Gartenbank. Sie stillt unsere Sehnsucht nach einem Leben auf dem Land

Weil viele Menschen in den mittleren Jahren spüren, dass ihnen zu einem erfüllten Leben noch etwas Entscheidendes fehlt, bricht in dieser Zeit ein unbezähmbarer Lebenshunger durch. Der wird zusätzlich befeuert durch die Tatsache, dass man nun schon den einen oder anderen Freund an Krebs oder anderen schweren Krankheiten leiden und vielleicht sogar sterben sah. »Wie lange hast du wohl selbst noch?«, fragt man sich. Und was muss vorher noch unbedingt passieren?

Es ist dies übrigens eine Zeit, in der man sich – wie auch in der Pubertät – sehr gerne abenteuerliche Illusionen macht. Ist der ferne Mann in Indianapolis für die Münchnerin tatsächlich der Mann ihres Lebens? Oder ist er nur ein Symbolträger für etwas, was ihr zu diesem Zeitpunkt in der Ehe fehlt: Romantik?

Und die kleine Wohnung in Berlin: Geht es wirklich um sie? Oder geht es eher darum, an einem unbelasteten Ort eine neue Form von Existenz auszuprobieren, die ich mir früher – finanziell ungesichert und im Zweifel über meine Talente – niemals zugetraut hätte, eine Existenz als Schriftstellerin?

Der kanadische Anthropologe Grant McCracken hat in seinem Buch »Culture and Consumption« sogar wissenschaftlich bewiesen, dass wir – wenn wir uns nach bestimmten Gütern sehnen – im Grunde etwas anderem hinterherjagen, das gar nicht materialistisch ist: Ideale, Identitäten oder eben Sehnsüchte und Träume. Oft repräsentieren diese Träume einen Gegenentwurf zu unserem realen Leben. Menschen in Industriegesellschaften träumen von Ackerbau und Viehzucht (der immense Erfolg der Zeitschrift *Landlust* beruht auf diesem Traum), Menschen in Entwicklungsländern von großkalibrigem Maschinenbau. Menschen in modernen Gesellschaften glauben, dass früher alles besser war. Konsumgüter spielen bei dieser Strategie die Rolle der Brücke, glaubt McCracken.

Früher war alles besser? Dann brauche ich einen Gegenstand, der mich mit diesem »Früher« verbindet, mich aber zugleich in der Gegenwart existieren lässt.

Man kann nur allen, in denen die Unruhe gärt, dazu raten: Verfolgt euren Traum! Und wenn sich der ganz große nicht erfüllen lässt – steht in dessen Windschatten nicht ein machbarer, kleiner? Und bietet dieser nicht sogar die gleiche intensive Befriedigung?

Ihn zu identifizieren ist ein spannender Prozess der Selbsterfahrung. Eine Bekannte, eine Psychologin, arbeitet mit essgestörten Frauen, die sich im Lauf der Jahre ein gesundheitsschädliches Übergewicht zugelegt haben. Da es für die Frauen schwer ist, alle ihre Essgewohnheiten von einem Tag auf den anderen zu ändern, bittet die Therapeutin ihre Patientinnen um Folgendes: Wann immer sie ein starkes Verlangen nach einer bestimmten Speise überkommt, sollen sie achtsam auf die Signale ihres Körpers hören und sich fragen: »Was genau ist es, das ich jetzt brauche?« Wenn eine unbändige Lust auf Kartoffelchips sie in den Supermarkt treibt, sollen sie kurz innehalten und überlegen: Sind es wirklich die Chips? Oder geht es darum, etwas Knackiges zu zerbeißen? Geht es um den intensiven Geschmack des Paprikapulvers, mit dem die Chips bestreut sind? Und wenn ja: Kann ich mir diesen Kick vielleicht auch dadurch verschaffen, dass ich frische, rote Paprika in Stücke schneide und in ein Tütchen mit Paprikapulver dippe? Das macht schneller satt, hat viel weniger Kalorien, befriedigt meine Gelüste aber genauso gut. Vom besseren Nährwert ganz zu schweigen.

Meine Berlin-Träumerei wurde in den 80er- und 90er-Jahren beim Blättern in Zeitungen und Magazinen weiter geschürt. Ein Journalist besuchte den Dramatiker Botho Strauß in seiner »riesigen leeren Altbauwohnung«. Der Schauspieler Otto Sander, so erfuhr man, lebte mit seiner Partnerin Monika Hansen und deren Kindern in herrschaftlichen Zimmerfluchten in Charlottenburg. Meine Traumwohnung aber war in Margarethe von Trottas Film »Heller Wahn« zu sehen. Einige der Szenen spielen in riesigen weiß gestrichenen und sparsam möblierten Räumen mit mindestens 5 Meter hohen Stuckdecken. Die perfekte Umgebung für die Hauptfigur Olga (Hanna Schygulla), deren geistiger Horizont ebenso weit war wie dieser Ort.

Wer in München lebt, hat gar keine andere Wahl, als beim Wohnen Kompromisse einzugehen. Zwei oder drei Zimmer, Küche, Bad mit genormter Deckenhöhe von 2,45 Metern, ein Grundriss vom Reißbrett eines fantasielosen Architekten: Mehr ist nicht drin, wenn man nicht großes Glück oder ein Vermögen geerbt hat. Dabei hegte ich immer den Verdacht, dass so ein Normgrundriss auch den Menschen auf Durchschnittsformat klein hält. Während er unter einer 4 oder gar 5 Meter hohen Decke an Format gewinnt und in die Höhe wachsen kann.

Ich habe mich damit abgefunden, dass ich wohl nie auf 300 Quadratmetern leben werde. Aber 48 Quadratmeter plus eine Loggia, die so aussieht, als wäre die dazugehörige Wohnung fünfmal so groß, ist das perfekte Surrogat meines Traums. In einem Notariat am Potsdamer Platz setzte ich meine Unterschrift unter den Kaufvertrag. Es war ein bisschen so, als hätte ich geheiratet. Nur verließ ich das Notariat nicht mit dem Brautstrauß, sondern mit einem Bündel Papieren in der Hand.

Man braucht keine riesige Summe, um sich große Sehnsüchte zu erfüllen. Man braucht allerdings eine konkrete Vorstellung davon, was man will und auf welchem Weg man es sich beschaffen kann. Eine Freundin mit unerfülltem Kinderwunsch etwa fand spät in ihrem Leben eine sehr dankbare Abnehmerin für das Übermaß an Wärme und Mütterlichkeit, das sie zu geben hat: Sie ist der kleinen Tochter ihrer alleinerziehenden Schwester eine hingebungsvolle Tante.

Auch ganz verrückte Ideen jenseits des Mainstreams lassen sich Jahrzehnte, nachdem man sie in dem Ordner mit der Aufschrift »Hirngespinste« abgeheftet hatte, erfolgreich reaktivieren. Oder man entdeckt spät im Leben eine ganz neue Leidenschaft, wie die über 70 Jahre alte

DJane »Mamy Rock« alias Ruth Flowers. Die ausgebildete Lied- und Operettensängerin hatte 2005 bei einem Klubbesuch mit ihrem Enkel in London Gefallen an der elektronischen Tanzmusik gefunden. Mithilfe eines Produzenten erlernte sie ihren neuen Beruf. Ein DJ-Auftritt beim Filmfestival in Cannes 2009 brachte den Durchbruch: Seither tritt sie in ihrer paillettenbesetzten Jacke als »Mamy Rock« unter anderem in den USA, Japan und in Europa auf. Die inspirierende Botschaft der Nachtklub-Königin: »Natürlich kannst du zu Hause bleiben und ab und zu in Seniorenklubs eine Tasse Tee trinken. Aber das sind nicht die einzigen Möglichkeiten, die dir offenstehen. Du kannst alles tun, was du willst«, sagte sie dem Reporter des Online-Dienstes »Mail Online« bei einem Interview in Paris. »Die einzige Angst, die ich momentan habe: Ich hoffe, dass ich durchschaue, wie dieses DJ-Pult funktioniert.«

Aufbruch in die Freiheit: Wie man einem Abschied Grandezza gibt

Es ist ein heisser Tag in München, und in einer Büroetage eines großen Verlags bricht eine kleine Abordnung von Männern, alle drei weit über 60 Jahre alt, zu ihrem täglichen Mittagessen in ein nahe gelegenes Bistro auf. Der »Klub der Silberrücken« nennen Spötter diese Runde. Eine Bemerkung, in der Respekt mitschwingt. Denn die drei Männer, wenngleich sie das reguläre Pensionsalter bereits überschritten haben, haben sich in ihrem Berufsleben bei einem wichtigen Magazin große Meriten erworben.

Geld spielt für sie keine Rolle mehr, sie haben in den vergangenen Jahrzehnten Hunderttausende verdient. Doch sie verfügen immer noch über eine Menge Esprit und sind Meister der Formulierungskunst – zwei von vielen Motiven, warum sie in ihren Porsche und PS-starken Geländefahrzeugen immer noch jeden Morgen zu ihren Parkplätzen in der Tiefgarage des Verlagsgebäudes fahren. Ein weiterer Grund: Sie genießen es, mit dem Parfum der Macht, das sie umweht, die jungen Volontärinnen, die hier im Zweijahresrhythmus auftauchen und nach abgeschlossener Ausbildung wieder abtreten, ein bisschen zu beeindrucken. Manchmal versetzen sie ihnen aber auch einen lange nachwirkenden Schrecken.

So war es auch an jenem Sommermittag, von dem hier die Rede ist. Die drei Herren ziehen also gemessenen Schrittes quer über den kleinen Platz, an dem das Bistro liegt. Dabei überholen sie eine Gruppe von sehr jungen Redakteurinnen, die ebenfalls plaudernd in Richtung Bistro streben. Eine der jungen Frauen erzählt gerade, dass sie ihr Dekolleté, wenn die Wärme in ihrer von der Sonne aufgeheizten Wohnung kaum mehr auszuhalten ist, mit einem Beutel voller kleiner Eiswürfel kühlt. Daraufhin beugt sich einer der drei Silberrücken von hinten leicht zu ihrem Ohr herüber und flüstert: »Lass mich dein Eiswürfel sein.«

Die jungen Frauen lächeln irritiert und blicken dem vorbeiziehenden Trio noch lange nach. Da keine von ihnen es sich mit den Silberrücken verderben will, sagt dem Eiswürfel-Onkel auch keine, was sie über seinen Auftritt denkt. Doch unter den Altersgenossen in der Redaktion ihres Magazins macht die Episode schnell die Runde. Nicht nur Frauen, auch Männer mokieren sich über diese Entgleisung eines Mannes, der nicht verstanden hat, dass solche Anzüglichkeiten nicht nur seinem Ruhm als flirtaffiner Gentleman schaden, sondern auch seine Reputation als Journalist ankratzen.

Ode an die Oma

Gelegentlich holt die Mutter unserer Nachbarin ihren kleinen Enkel ab. Wenn sie nicht mit ihrem Mountainbike um die Ecke biegt, fährt sie mit einem roten Sportwagen vor. Sie ist eine Groß-mutter dieses neuen Typs: attraktiv und jugendlich. Man kann sich gut vorstellen, wie sie neben dem Enkel auf dem Teppich hockt und vor Ärger eine Rolle rückwärts macht, wenn es den von ihr gesteuerten Rennwagen auf der Carrera-Bahn ihres Enkels aus der Kurve trägt.

Wie anders war meine eigene Oma! Wenn ich sie besuchen kam, saß sie meist an ihrem mit Spit-zendeckchen geschmückten Wohnzimmertisch. Ihre Schuhe sahen ein bisschen so aus wie die von Daisy Duck. Sie trug Kleider aus unempfindli-chen Stoffen, beim Kochen zog sie einen Kittel drüber. Was sie darunter trug, wusste ich auch: Sehr oft hatte ich als kleines Kind fasziniert beob-achtet, wie die Oma ihr fleischfarbenes Korsett anlegte, wie sie Häkchen für Häkchen schloss. Ihr Haar trug sie genauso lang, wie sie es als junges Mädchen schon getan hatte. Allerdings war von der früheren Pracht nur ein langer dünner Zopf geblieben, den sie nach dem Flechten zu einem sehr kleinen Dutt aufsteckte.

Die Oma hatte ein rundes Gesicht mit papierdünner Haut, trug jahrzehntelang das gleiche Kassen-Brillengestell. Sie briet gern Kartoffeln mit sehr viel Fett. Nirgends schmeckten Bratkartoffeln besser. Und wenn sie mir etwas bieten wollte, nahm sie mich zu einem ihrer Besuche auf den Friedhof mit oder zu einer Freundin, die ähnlich aussah wie sie. Ich begleitete sie gerne. Nie wäre den beiden alten Damen in den Sinn gekommen, miteinander zu konkurrieren. So wie die Omas von heute auf dem Spielplatz heimlich checken: »Zugegeben, Frau X kann viel gewandter mit dem Smartphone umgehen als ich. Dafür habe ich die schickeren Klamotten und die bessere Figur.«

Meine Großmutter starb in den 90er-Jahren. Und irgendwann fiel mir auf, dass es Frauen von ihrem Typus heute gar nicht mehr gibt. In einer Welt, in der jede Zahnbürste von einem Designer gestaltet ist und in der jeder Mensch pausenlos damit beschäftigt ist, sich zu optimieren, wäre meine Oma ein liebenswürdiger Anachronismus. Es gäbe keinen Platz mehr für sie. Wie traurig.

Das Problem vieler alternder Womanizer: Sie überschätzen ihre Fähigkeiten und ihre Anziehungskraft

Egal, ob man als Politikerin, Managerin, Guru oder Schauspieler sein Geld verdient – irgendwann kommt fast jeder einmal an einen Punkt, an dem die anderen nicht mehr so begeistert wie früher auf die eigenen Leistungen reagieren und man sich überlegen muss, woran das liegt und wie es nun weitergeht. Besonders gefährdet ist der, der in der Rolle des Verführers auftritt. Das ist in einer Szene von Fellinis Film »Casanova« sehr eindrucksvoll zu beobachten. Da fährt der – inzwischen nicht mehr ganz junge – berühmteste Liebhaber seiner Zeit in einer Kutsche über Land, mit ihm reisen zwei Frauen, eine Mutter und ihre Tochter. Eine Situation, ganz nach dem Geschmack von Casanova, sollte man meinen. Und man wartet darauf, dass die beiden Frauen am Ende der Reise, beflügelt von einem amourösen Abenteuer der Extraklasse, zurück in ihren Alltag schweben. Stattdessen passiert Folgendes: Die Damen werfen den Mann mitsamt seinem Gepäck aus der Kutsche. Bevor das Gefährt seinen Weg fortsetzt, verspotten sie auch noch das Körperteil, auf das sich Casanovas Ruhm gründet. »Den verfaulten Wurm zwischen deinen Beinen«, nennen sie seinen Penis. Er hatte die Damen offenbar enttäuscht. So etwas passiert, wenn man den richtigen Zeitpunkt zum Rückzug verpasst. Und das führt uns direkt zurück zu den drei Silberrücken und zu der Frage: Wäre es für einen Mann, der stramm auf die 70 zugeht, nicht klüger, seine Karriere als Womanizer zu beenden? Jeder Kollege – außer die ähnlich beharrlichen Kumpels aus der Herrenrunde – würde ihm dazu raten. Nur er selbst hat die Notwendigkeit vermutlich bis heute nicht eingesehen.

Man kann das nachvollziehen. »Aufhören ist meist vernünftig, aber eben nie so schön wie das Anfangen, das laut Volksmund auch nicht ganz leicht ist, das Bert Brecht für die reine Lust hielt und dem nach Hermann Hesse ein Zauber innewohnt«, schrieb Joseph von Westphalen aus Anlass von Edmund Stoibers Rücktritt als Ministerpräsident in einem Essay über das Aufhören. »Von Lust und Zauber kann beim Aufhören keine Rede sein. Die Aufhörer haben nun Zeit zum Golfspielen, aber das ersetzt nicht, was sie nun nicht mehr haben: die ständige Aufmerksamkeit (...) und das Gefühl bedeutend zu sein.«

Dabei wäre es sinnvoll, sich beizeiten in der Kunst des eleganten Abgangs zu üben. Wir alle haben während unseres Lebens immer wieder einmal Gelegenheit dazu. Sei es, dass ein geliebter Mensch uns den Laufpass gibt, eine Firma in die Insolvenz geht, ein Freund den Kontakt zu uns abbricht. Meistens sind solche Abgänge nicht ganz freiwillig. Und immer zeigt sich darin unser Charakter. Es ist der Abgang, der unserem Image Kontur gibt. Wer in angenehmer Erinnerung bleiben will, ist also gut beraten, seinen Rückzug möglichst elegant zu inszenieren.

Zwei Helden, die 2012 ihren Abschied verkündeten, waren da leider keine eindrucksvollen Vorbilder: Michael Schumacher und Michael Ballack. Als Schumacher erklärte, er werde bei der Formel Eins aufhören, höhnte die englische *Sun*: »Und wen kümmert's?« Das Comeback des siebenfachen Weltmeisters war ja auch tatsächlich nicht sehr glanzvoll gewesen, in den Jahren vor seinem endgültigen Abschied fuhr er der Weltelite hinterher. Auch Michael Ballack, der etwa zur gleichen Zeit ankündigte, dass er aufhören werde, erntete damit kein großes Bedauern. Der einst so umjubelte Fußballer hatte zuletzt meist auf der Ersatzbank in Leverkusen gesessen. Kein tolles Ende für den ehemaligen Superstar.

Umso mehr bewundern wir Menschen, die erkennen, wann der richtige Moment für den Abschied gekommen ist. In einem vernünftigen und kühl erwogenen Akt letzter Souveränität erklärte im Februar 2013 Papst Benedikt XVI. seinen Rücktritt. »Nachdem ich wiederholt mein Gewissen vor Gott geprüft habe, bin ich zur Gewissheit gelangt, dass meine Kräfte infolge des vorgerückten Alters nicht mehr geeignet sind, um in angemessener Weise den Petrusdienst auszuüben«, erklärte das Kirchenoberhaupt. Seit mehr als 700 Jahren sind alle seine Vorgänger im Amt gestorben. Benedikt aber nahm einfach seinen Abschied, erkannte seine Grenzen, gab die Macht zurück. In der ganzen Welt wurde seine Entscheidung mit Respekt aufgenommen.

Ein Abgang mit Grandezza krönt Karrieren

Der Schluss ist für unsere Gesellschaft etwas Lästiges, Unangenehmes, Unbedeutendes. Als Kinogänger wird einem das besonders deutlich vor Augen geführt: Die Eingänge der Lichtspieltheater sind prächtig ausgestattet, der Ausgang erfolgt über eine schlecht beleuchtete Hintertreppe. Kein Wunder, dass niemand aufhören will. Alle wollen weitermachen und klammern sich an ihren Posten fest. Wer mit 50 von seinem Chef gefeuert oder von seiner Frau verlassen wird, hat ja auch wirklich etwas zu verlieren. Wie soll man damit umgehen, wenn einem der Boden unter den Füßen weggezogen wird? Nur in wenigen Ämtern gleichen Karrieren noch einer Treppe, die kontinuierlich weiter nach oben führt. In der Welt der Wirtschaft rechnet man inzwischen am besten immer mit dem vorzeitigen Absturz, gerade in der zweiten oder dritten Führungsebene. Dort müssen die Leistungsträger Jüngeren, Schnelleren, Kreativeren Platz machen. Aber: Wie gestaltet man im Ernstfall seinen Abgang mit Grandezza? Kann man sich auf solche Situationen überhaupt vorbereiten?

Ja, das kann man. Etwa, indem man das Wort »aufhören« einmal auf seine darin enthaltenen Bedeutungen näher untersucht. Im Verb »aufhören« ist das Wort hören enthalten. Wer das tut, wer aufmerksam in sich hineinhört, wird interessante Beobachtungen machen und daraus seine Schlüsse ziehen.

Ein Bekannter um die 50, der Jahrzehnte in der Marketing-Abteilung eines Konzerns gearbeitet hatte, registrierte plötzlich, dass das Management und die Kollegen sich ihm gegenüber anders verhielten als früher. Sie begegneten ihm ausweichend, nahmen ihm Aufgaben, die er seit Jahren zuverlässig erledigte, nach und nach aus der Hand. Er spürte, dass irgendetwas im Gange war, das darauf abzielte, ihn in der Abteilung in die Isolation zu treiben.

Er zog sich ein Wochenende lang an einen stillen Ort zurück, beriet sich mit seiner Frau. Dann ließ er sich einen Termin bei seinen Chefs geben, denen er – perfekt angezogen und mit freundlicher Stimme – seine Beobachtungen vortrug. Ob er die Zeichen richtig deute, dass er in dieser Firma nicht mehr so geschätzt werde wie früher? Ob man sich möglicherweise von ihm trennen wolle? Er habe diese Möglichkeit und ihre Konsequenzen einmal in Gedanken durchgespielt, und – nein! – sie sei für ihn durchaus kein Schreckensszenario. Ob man sich schon Gedanken über ein Abfindungsangebot gemacht habe? Für entsprechende Verhandlungen stehe er jederzeit zur Verfügung. Tatsächlich einigte man sich schnell, der Bekannte stellt heute als freiberuflicher Unternehmensberater sein Marketing-Know-how mittelständischen Firmen zur Verfügung.

In der Firma, die ihn nicht mehr haben wollte, redet man bis heute mit Hochachtung von ihm. Statt sich vom Hof jagen zu lassen, ging er geraden Rückens und als Herr der Lage vom Feld. Ein Abgang, wie man ihn im öffentlichen Leben leider selten sieht. Man denke nur an Diktatoren wie Gaddafi, Mubarak oder an den opernhaften Berlusconi, alles Männer, die nicht merkten, dass ihre Zeit längst abgelaufen war.

Ein Meister in der Kunst der Abdankung: Hans Dietrich Genscher

Der Augsburger Germanist Mathias Mayer hat ein Buch über die »Kunst der Abdankung« geschrieben und festgestellt, dass es in der Politik nur wenige Beispiele für geglückte Abdankung gibt. Zu einer solchen gehört, laut Mayer, »dass sie glaubwürdiges Resultat einer Lebenseinstellung ist. Dass das Lebensganze damit gleichsam beglaubigt wird, indem die Abdankung sich als Zweifel an der eigenen Wichtigkeit oder Rolle interpretieren lässt.« Unter den Politikern unserer Tage gab nach Mayers Einschätzung nur Hans-Dietrich Genscher ein gutes Beispiel in der Kunst der Abdankung ab, als er »nach einem imponierenden Lebenswerk als damaliger Außenminister den richtigen Zeitpunkt selbst festsetzte«.

Solch einen eleganten Abgang hinzulegen, ist schwer, besonders, wenn große Gefühle im Spiel sind und man sich etwa eingestehen muss, dass eine Liebesbeziehung endgültig gescheitert ist.

Doch es gibt eine ganz einfache Frage, die in solchen

Situationen hilft. Sie lautet: Was wäre die Alternative zur Trennung, zum Rückzug? Warum sollte man an einem Ort oder an der Seite eines Menschen ausharren, wo oder von dem man nicht (mehr) geschätzt wird? Natürlich ist es beängstigend, nach solchen Erlebnissen mit der großen Leere konfrontiert zu sein. Da braucht man den Trost kluger Freunde. Manchen Menschen hilft vielleicht auch ein Blick in die Literatur. Eine literarische Gestalt gibt es, die unbedingt und sofort abdanken wollte. Von ihr kann man sich durchaus inspirieren lassen. Der Dichter Georg Büchner hat diese Figur in seinem Stück »Leonce und Lena« beschrieben: Es ist der König Peter, der komisch-traurige Held aus dem Zwergstaat Popo. Seine Vorstellung vom Glück: Abdanken und dann endlich denken, »ungestört denken, vom Morgen- bis zum Abendrot.«

Mit Grazie scheitern: Über den Umgang mit Niederlagen und ungenutzten Chancen

MANCHMAL REICHT EINE harmlose Frage, um ein mit fröhlichen Farben ausgepinseltes Selbstbild ins Wanken zu bringen. »Was hast du in deinem Sabbatical eigentlich gemacht?«, erkundigte sich eine Kollegin, die in den vergangenen Jahren zahlreiche Bestseller zu den Themen Fitness und Ernährung geschrieben hatte. Ich war, nach einer 12-monatigen Auszeit, gerade an meinen Arbeitsplatz zurückgekehrt und ließ das vergangene Jahr Revue passieren. Ja, was hatte ich eigentlich gemacht? Ich hatte zu Hause die Rolle des Faktotums übernommen und den Handwerkern die Tür geöffnet, als in unserer Wohnung die Fenster ausgetauscht wurden. Drei Monate lang hatte mich die Rentenversicherung auf Trab gehalten. Zur Klärung meiner späteren Ansprüche hatten zahlreiche Belege besorgt werden müssen. Ich hatte telefoniert, kopiert, mich in regelmäßigen Abständen bei der zuständigen Verwaltung eingefunden. Ich hatte an der

Volkshochschule einen Kurs in kreativem Schreiben besucht. So war das Jahr dahingegangen.

»Und was ist dabei an Output herausgekommen?«, insistierte die Kollegin. Ich durchwühlte mein Gehirn nach vorzeigbaren Resultaten und antwortete schließlich kleinlaut: »Ich habe zwei Kurzgeschichten geschrieben.« Die Kollegin sah mich verständnislos an. Sie selbst hatte in der fraglichen Zeit sechs Bücher veröffentlicht und etliche Artikel für Magazine verfasst. Dass ein Mensch 12 Monate lang in der Versenkung verschwinden konnte, ohne mit einem greifbaren und zählbaren Ergebnis wieder aufzutauchen, lag außerhalb ihrer Vorstellungskraft. Wir standen uns gegenüber, und ich sah mich plötzlich mit ihren Augen: Sie erblickte die traurige Gestalt einer Gescheiterten. Was mich beruhigte, war, dass ich nicht allein das Kainsmal der Low Performerin auf meiner Stirne trug.

Die Weltgeschichte: eine Nummernrevue des Scheiterns

Egal, wie sehr der Mensch sich auch ins Zeug legt: In der zweiten Lebenshälfte macht jeder früher oder später die Bekanntschaft mit der Erfahrung des Scheiterns. Das liegt in der Natur der Sache: Die Jugend ist die Zeit des Pläneschmiedens. Ob man diese Vorhaben auch umsetzt, bringt erst die Zukunft ans Licht. Deshalb ist jeder 20-Jäh-

Athleten mit Erfahrung

Dass das Potenzial älterer Menschen oft unter-
schätzt wird, ist allgemein bekannt. Seitdem
immer mehr Betagte über 80 mit dem Rollator
durch Städte und Fußgängerzonen rattern, traut
man dieser Alterskohorte anspruchsvolle sportliche
Leistungen offenbar nicht mehr zu. Einer von
ihnen, der 85-jährige Berend Hansing, ging beim
34. Münchner Stadtlauf in der Disziplin Nordic
Walking über die Distanz von 5 Kilometern mit
einer respektablen Zeit von 48:19 Minuten ins
Ziel. Hinterher beschwerte sich Hansing bei den
Veranstaltern, er habe sich im Internet nicht anmel-
den können, weil die Liste nur bis Jahrgang 1930
ging. Er ist Jahrgang 1927. Offenbar hatte nie-
mand damit gerechnet, dass ein Mann seines
Alters sich noch ohne Gehhilfe fortbewegen kann.

rige ein potenzieller Erfüller eigener und fremder Erwartungen. Solange er jung ist, steht immer die Möglichkeit
im Raum, dass er mit 40 tatsächlich Millionär sein oder
im Alleingang die Welt retten wird. Erst Jahrzehnte später
zeigt sich, ob er sein Versprechen eingelöst hat.

Nun wird Bilanz gezogen. Dies ist auch die Zeit, in
der sich die ersten Spuren von Verbitterung in die Gesichter graben. Die Lippen werden schmaler, die Kieferkno-

chen treten kantig hervor, die Mundwinkel bewegen sich Richtung Südpol. Was jetzt tröstet: Wir Scheiternden sind nicht allein. Wir sind sogar eine recht große Schar. Auch begabtere und vom Erfolg verwöhnte Zeitgenossen müssen gelegentlich vom Siegertreppchen abtreten. Etwa Thomas Gottschalk: Der König des Samstagabends wechselte in den werktäglichen Vorabend. Von der großen Halle ins kleine Studio. Er wollte sich neu erfinden. Doch vier von fünf Zuschauern, die ihn bei »Wetten dass..?« im ZDF liebten, schalteten bei »Gottschalk live« in der ARD nicht mehr ein. Schließlich zog der Sender die Notbremse und nahm die Show aus dem Programm.

Schaut man sich um, ist die gesamte Weltgeschichte eine Biografie der Gescheiterten. Christoph Kolumbus suchte den Seeweg nach Indien – er fand das Land nicht, aber stattdessen Amerika. Johann Friedrich Böttger experimentierte jahrelang mit vielversprechenden Substanzen herum und entdeckte doch nie, was er suchte: die Formel, um Gold herzustellen. Dabei erfand er das Porzellan. Der Maler und Bildhauer Markus Lüpertz betrachtet viele Stationen seiner Karriere als Variationen über das Scheitern. Mit 14 fing es an. »Ich arbeitete als Etikettenmaler für Weinflaschen. Das hatte mir die Berufsberatung empfohlen, weil ich Maler werden sollte. Ich wurde nach einem Monat weggeschickt. Meine Eltern waren verzweifelt. Trotz großer Liebe begannen sie, sich Sorgen zu machen. Ich fing als Hilfskraft bei einem liebenswürdigen Mann an, dekorierte Schaufenster und beschriftete Bauzäune. Nach einem Jahr war er bankrott.«

Aus seinen eigenen Erfahrungen und denen der anderen zog Lüpertz das Fazit: »Die europäische Kultur lebt vom Scheitern. Sie idealisiert die Ruine, also das Verletzliche. Scheitern ist in meiner Profession Voraussetzung.«

Trotzdem trifft es uns immer wieder hart, wenn wir aus der Konkurrenz um einen Job, der uns glücklich gemacht hätte, als Verlierer hervorgehen. Oder wenn der Mann, in den wir uns verliebt haben, uns nach einem vielversprechenden Date eine E-Mail folgenden Inhalts schreibt: »Tut mir leid, das wird nichts mit uns, ich habe gestern Abend kein Prickeln gespürt.«

Die Versuchung ist groß, nach solchen Tiefschlägen nachzutreten und auf dem Anrufbeantworter des Prickelresistenten eine Nachricht zu hinterlassen: »Dem kann ich nur beipflichten, du hässlicher Uhu. Und hier noch ein kleiner Tipp: Mit deinen Scherzen auf Oliver-Pocher-Niveau charmierst du höchstens Cindy aus Marzahn ins Bett.«

Als gut erzogener Mensch widersteht man natürlich dieser Versuchung. Aber gibt es überhaupt einen Weg, mit dem Scheitern auf graziöse Weise umzugehen? Ja. Dieser führt – wie so oft – über die Reflexion. In der Tat hatte ich, das musste ich mir leider eingestehen, in meinem Sabbatical nicht das zustande gebracht, was ich mir eigentlich vorgenommen hatte: einen Roman zu schreiben – oder irgendetwas anderes, das groß oder attraktiv genug war, es der Welt vorzeigen zu können. Stattdessen hatte ich das getan, was ich immer tat: Ich hatte sehr viel nachgedacht. Und immerhin entstand bei dieser stillen und unspektakulären Tätigkeit eine Idee: nämlich die zu diesem Buch.

Unvereinbare Gegensätze

Im Alter von etwa 30 Jahren arbeitete ich bei einer Tageszeitung in einer niederbayerischen Stadt. Fast alle Menschen in meinem Umfeld waren verheiratet oder liiert, nur ich stand immer noch ohne vorzeigbares Pendant da. Da antwortete ich auf die sympathisch klingende Anzeige eines Mannes, der nach eigener Angabe etwa 20 Jahre älter war als ich. Er schlug als Treffpunkt eine Whisky-Bar in der Münchner Innenstadt vor. Ein Lokal, in dem ich noch nie gewesen war. Ich wartete vor der Tür. Als ein grauhaariger, gut aussehender Mann mit sportlicher Figur auf mich zukam, erschrak ich zutiefst. Es war auf den ersten Blick ersichtlich, dass wir aus zwei ganz unterschiedlichen Galaxien kamen.

Er war ein aktiver Erfolgsmensch, der sich nun mit einem Trophy Girl schmücken wollte, das man den Kumpels auf dem Golfplatz präsentieren kann. Er erkannte sicher sofort, dass das schüchterne Geschöpf, das in den extra für diesen Anlass angeschafften Highheels ungelenk hinter ihm her in die Bar stakste, für diese Rolle nicht infrage kam. Ich war eine Grüblerin, die nach einer Gebrauchsanweisung für das Leben suchte. Ich wünschte mir einen Mitdenker, der mich inspiriert. Das Leben meines Date-Partners war ausgebaut wie eine weiße Villa mit Marmorboden und Pool. In dieser Welt wurden keine Fragen gestellt, sondern Tatsachen geschaffen. Mein Leben war zu diesem Zeitpunkt so unfertig wie eine Studentenbude mit windschiefem Regal. In meiner Welt gab es keine Gewissheiten und keine Sicherheit, dafür eine Menge offener Fragen. Zwischen unseren beiden Existenzentwürfen gab es keine Verbindung. Das hatte nicht nur, aber auch damit zu tun, dass wir uns in ganz unterschiedlichen Lebensphasen befanden, also damit, dass er 50 und ich 30 Jahre alt war.

Ein Stündchen retteten wir uns mit einer netten Konversation über die Runden, dann fuhr ich nach Hause. Weder er noch ich rief jemals wieder an. Einen Menschen zu lieben, der aus einer anderen Generation kommt: Ist das wirklich so einfach? Ich bezweifle es. Fest steht, dass es Männern leichter fällt als Frauen. Das belegt auch diese nette Anekdote von den beiden Opas aus der Muppet Show. Sie haben, wie immer, ihre Plätze in der Loge eines Theaters bezogen. Und während sie sinnend in den Saal schauen, sagt der eine von beiden: »Also, ich würde nur mit einer jungen Frau was anfangen.« Worauf der andere erwidert: »Eine Frau, die älter ist als du, wird sich auch schwer finden lassen.«

Weltbetrachter und Weltbeweger: zwei Stämme, die sich fremd sind

Mit Grazie scheitern, das bedeutet vor allem: sich aussöhnen mit seinem eigenen Naturell. Die Menschheit, so glaube ich, ist unterteilt in zwei große Stämme: das Volk der Weltbeweger und das Volk der Weltbetrachter, die Tatmenschen und die Denkmenschen. Meine Kollegin, die Bestsellerautorin, gehört eindeutig zur ersten Kategorie, ich bin eine Angehörige des zweiten Stamms. Selbst wenn ich mich sehr bemühen würde, würde ich niemals ein echter Tatmensch werden. Denn die beiden Mentalitäten sind komplementär wie Feuer und Wasser, wie Tag und Nacht. Der Schriftsteller André Müller hat die Unvereinbarkeit der Temperamente einmal mit folgendem Zitat auf den Punkt gebracht: »Mein Ideal ist ein Mensch, der so viel denkt, dass er zu einer Handlung nicht mehr in der Lage ist.« So sieht es Müller, der natürlich auch ein Weltbetrachter ist. Ein Weltbeweger würde Müllers Idealmenschen mit völlig anderen Augen sehen: Für ihn wäre er ein Ausbund an Passivität. Ein Loser, der nichts geregelt kriegt.

Wie man sieht, ist es eine Frage der Perspektive, ob man sich bezüglich eines bestimmten Vorhabens als gescheitert betrachtet oder nicht. Oft hilft es, nur ein bisschen den Blickwinkel zu ändern, um die Chance wahrzunehmen, die im Scheitern liegt. Will man die segensreichen Seiten eines vermeintlichen Schicksalsschlags erkennen, braucht man sich auf der Zeitachse oft nur ein wenig hin und her zu bewegen. Man lässt etwa ein paar Wochen oder Monate verstreichen und betrachtet die Situation, um die es geht, aus dem Blickwinkel der Gegenwart auf die Vergangenheit.

Manchmal erscheint uns ein Unglück im Rückblick als Glück

Vielleicht stellt sich durch irgendeinen Zufall ja heraus, dass der Mann, mit dem es nicht prickelte, nicht – wie behauptet – Single war, sondern ein Familienvater auf der Suche nach einem außerehelichen Kick. Und man kann im Rückblick froh sein, dass aus dem Flirt mit ihm damals nichts wurde. Oder man weitet die Perspektive, fasst mit einem Zoom die vergangenen fünf Jahre in den Blick. So erscheint einem die jüngere Vergangenheit in ungewohnter Tiefenschärfe. Und man erkennt, dass man jahrelang Ziele verfolgt hat, mit denen man sich tief im Inneren gar nicht identifizierte.

Wie schnell so etwas passiert und was für Konsequenzen es haben kann, hat die Autorin und Professorin Miriam Meckel in dem Magazin *jetzt Uni & Job* geschildert. Meckels Essay ist eine sehr persönliche Rede an die Hochschulabsolventen des Jahres 2012. Aber sie betrifft eigentlich alle Hochschulabsolventen und nicht nur sie, sondern alle Menschen.

»Wir leben in einer Gesellschaft, die ich als sehr angepasst empfinde«, schreibt Meckel. »Die von den Gegensätzen des Lebens nur eine Seite sehen will. In der nur der Erfolg zählt und der Misserfolg ein Schandmal ist, das man verstecken muss. In der nur der Starke, Gesunde vorankommt und Krankheit als Sprache des Körpers nicht mehr gehört und verstanden wird. In der Sie Zielvereinbarungen, aber keine Wegvereinbarungen treffen, immer im Dienst, aber nie privat oder in Entspannung sein sollen, oft multitasken, aber nichts mehr in Ruhe durchdenken dürfen. Damit ignoriert diese Gesellschaft, dass es nicht geradlinig, leicht und eindimensional zugehen kann in dieser Welt, und damit zwingt sie manchen, die Gefühle zu sich selbst und zu dem, was wir sind und tun möchten, hintanzustellen.«

Meckel beschreibt auch, welche Konsequenzen dieses allgemein akzeptierte Weltbild für sie persönlich hatte. »Ich habe gut 40 Jahre gebraucht, um zu begreifen, dass ich in manchem nur eine Rolle spiele, dass ich mein Leben nach den Vorgaben anderer ausrichte, nach der Gesellschaft, in der ich lebe – und dass mich das ziemlich unglücklich gemacht hat. Ich habe viel Zeit gebraucht, um zu fühlen, was mich wirklich glücklich macht: intensives Denken und Schreiben. Und zwar außerhalb der Standards, in die uns die Politik, die Wirtschaft, ja leider auch die Wissenschaft zwingen. Ich weiß nicht, ob ich von dieser Leidenschaft hätte leben können, die ein deutsches Finanzamt vermutlich unter ›Liebhaberei‹ abtun würde. Ich hätte nicht so viel gesellschaftliche Anerkennung genossen wie als Staatssekretärin oder Professorin. Hätte und wäre. Weiß ich das? Ich weiß es nicht. Und ich wäre heute froh, dieser Konjunktiv wäre mir schon früher gleichgültig gewesen. Denn mit intensivem Denken und Schreiben bin ich glücklich.«

In einer komplexen Welt ist Scheitern ganz normal

Der kluge Text von Miriam Meckel vermittelt eine Ahnung davon, was das gute, das graziöse Scheitern vom unglücklichen Scheitern unterscheidet. Wer gut scheitert, akzeptiert seine Situation. Er findet also die Kraft, seinen eingeschlagenen Weg abzubrechen. Das ist schwierig, weil man an dem eigentlichen Vorhaben hängt, Zeit und Geld investiert hat. Aber die Einsicht, dass dieser Pfad nicht weiterführt, ermöglicht eine neue Zielorientierung. Im Gegensatz zum schlechten Scheitern, bei dem eine neue Weichenstellung zum Erfolg nicht möglich ist. Die Situation wird einfach geleugnet. Manchmal führt ein geplatzter Traum uns geradewegs zu einem alternativen Lebensentwurf, der sich im Rückblick als das Glück unseres Lebens herausstellt.

»Gibt es einen Traum, der in eurem Leben einmal zum Greifen nah war, den ihr dann aber nicht weiterverfolgt habt? Und wenn ja, wie seid ihr damit umgegangen?«, fragte ich bei den Recherchen zu diesem Buch ein befreundetes Paar, deren Lebenstüchtigkeit ich immer bewundert habe. Daraufhin erzählte der Freund, wie er sich schon sehr früh, damals, in den 80er-Jahren, bei den Grünen engagiert hatte. Er brannte für die Ideen der neu gegründeten Partei. Und da er überzeugend reden und Leute für sich gewinnen kann, hätte er dort womöglich schnell Karriere machen können. Doch seine Frau und er waren damals bereits junge Eltern. Die vier Kinder, die in kurzen Abständen nacheinander geboren wurden, hatten in ihrem Leben Priorität. So geriet die Parteikarriere aus dem Blickfeld. Was der Freund im Nachhinein nicht bedauert. »Wenn der eine Wunsch sich nicht erfüllt, bekommst du eben etwas anderes«, meinte er. Er schlug eine Laufbahn als Bewährungshelfer ein, ein Beruf, in dem er seine Zeit relativ frei einteilen konnte. Was dem Paar ermöglichte, in seinem Alltag auf die Bedürfnisse seiner kleinen Kinder Rücksicht zu nehmen. Alle vier sind längst flügge. An den Weihnachtstagen findet sich die Großfamilie in ihrem hübschen, selbst renovierten Haus zusammen. Und man spürt, die erwachsenen Kinder wissen, dass sie ihren Eltern etwas außerordentlich Kostbares verdanken: einen glücklichen Start ins Leben.

Auch wenn es nicht um die großen Schicksalsprojekte geht, sondern um die kleinen, an denen wir ebenfalls mit ganzem Herzen hängen: Manchmal wünschen wir uns, dass wir auch unser Leben – so wie unseren Hausrat – gegen das Scheitern versichern könnten. So eine Versicherung gibt es nicht. Doch es gibt drei Prinzipien, die uns helfen, uns gegen kleine und größere Katastrophen und Frustrationen zu wappnen. Erstens: Entwickle immerzu Ideen und verfolge neue Ansätze. Zweitens: Wenn du etwas Neues probierst, dann tu es in einer Größenordnung, in der ein Scheitern zu verschmerzen ist. Und drittens: Fordere Rückmeldungen ein und lerne aus deinen Fehlern. Das ist keine Schande. Denn in einer derart komplexen Welt wie der unseren ist es ganz normal, dass man nicht gleich beim ersten Mal richtigliegt.

Kopfgeburten

Der Philosoph Peter Sloterdijk ist nicht nur für seine originellen Gedanken bekannt – sondern auch für sein fusseliges, bis zur Schulter reichendes Haar, das er seit Jahrzehnten mit Fassung trägt. In seinem Buch »Zeilen und Tage« berichtet er, dass er bei einer Lesung in Paris einmal von einem Zuhörer aus dem Publikum gefragt wurde: »Seit wann ist Ihr Friseur im Gefängnis?« Eine passende Antwort fiel dem Denker erst später ein. Aber dafür ist sie unwiderstehlich: »Ich hätte sagen sollen: Seit 1968, sieht man das nicht?«

Anleitung zum Lebendigsein. Ein Besuch in der Londoner »School of Life«

MANCHMAL SCHLEICHEN SICH die großen Fragen des Lebens auf ganz unspektakuläre Weise an die Menschen heran. Beim Blättern in einem Magazin stieß ich auf ein Zitat des Dichters George Bernard Shaw. »Der einzige Mensch, der sich vernünftig benimmt, ist mein Schneider. Er nimmt jedes Mal neu Maß, wenn er mich trifft, während alle anderen immer die alten Maßstäbe anlegen in der Meinung, sie passten auch heute noch.«

»Wie ist das eigentlich bei mir?«, überlegte ich. Und kam schnell zu dem Schluss, dass der Schneider, der meine Kleider macht, überhaupt kein Maßband braucht. Denn ich weiß bis in die kleinste Kleinigkeit, wer ich bin, was ich mag, was ich nicht mag, wovor ich Angst habe und was mich wütend macht. Mittags gehe ich zum Beispiel meistens in ein thailändisches Restaurant in Schwabing. Dort esse ich seit Jahren Menü zwei, Hühnchen mit

Gemüse und Cashewnüssen. In der Buchhandlung lasse ich die Stapel mit Science-Fiction- und Fantasy-Literatur links liegen und untersuche die Klappentexte neuer Romane, ob irgendwo die Stichworte »New York«, »Galerienszene« oder »spielt im Künstlermilieu« auftauchen. Falls ja, greife ich zu. Und obwohl ich die Kriminalfälle in »Tatort« und »Polizeiruf 110« in der letzten Zeit immer öder und absurder finde, zelebriere ich jeden Sonntag um 20.15 Uhr vor dem Fernseher mein »Tatort«-Ritual. Dazu trinke ich eine halbe Flasche Cabernet Sauvignon, obwohl meine Leber diesen Brauch nicht mag. Ich bin mir selbst kein Rätsel mehr. Eine erschreckende Erkenntnis!

Denn wenn ich so weitermache, wird mich mein Weg schnurstracks in die Erstarrung führen. Dabei bietet das Leben doch ein solches Überangebot an Möglichkeiten! Und auch in meiner Seelenlandschaft gibt es, so hoffe ich, noch ein paar weiße Flecken, in die man mal eine Exkursion unternehmen könnte.

Wie bringe ich mehr Rock 'n' Roll ins Leben? In London ist Inspiration zu finden

»Man wird als Entwurf eines Menschen geboren und muss schauen, dass man daraus einen wirklichen Menschen macht«, sagt der Künstler André Heller. Zum Glück gibt es in London einen Ort, der darauf spezialisiert ist,

Menschen diese Art von Entwicklungshilfe zu geben. »The School of Life« nennt sich die seit 2008 im Stadtteil Bloomsbury beheimatete Institution. Ihr Gründer, Alain de Botton, ist ein Philosoph und Schriftsteller, der in Romanen und Sachbüchern die Fragen erkundet: Was sind die Ingredienzen eines gelungenen Lebens? Was ist das Geheimnis einer guten Beziehung? Und wie werde ich die bestmögliche Ausgabe meiner selbst? Weil diese Fragen viele Menschen interessieren, hat er mit einigen Gleichgesinnten das Konzept für die »School of Life« entworfen. Man kann dort Wochenendseminare zu Themen wie »How to be cool« machen oder Abendkurse mit den unterschiedlichsten Schwerpunkten buchen. Ich möchte mein durch Routinen und Rituale ein bisschen zu vorhersehbar gewordenes Leben mit etwas Rock 'n' Roll aufpeppen. Deshalb fülle ich das Online-Anmeldeformular aus und schreibe mich für den Kurs »How to be creative« ein.

Seltsames Gefühl, mit über 50 wieder zur Schule zu gehen. Immerhin ist es eine Privatschule in einer der besseren Gegenden der Themsestadt. Wie sähe wohl mein Zwischenzeugnis in der Schule des Lebens aus? Diese Frage lege ich mir vor, während ich von meinem Hotel durch die englische Herbstkälte zur Marchmont Street haste. Guter Durchschnitt, so lautet die vorläufige Bilanz. Keine Geniestreiche, aber auch keine allzu gravierenden Durchhänger. Kunst und Musik habe ich wegen Zeitmangels schon lange abgewählt. Die Wiederaufnahme des Klavierunterrichts schiebe ich ewig vor mir her – wahrscheinlich bis zu meiner fernen Pensionierung.

Und sonst? Keine Rechen- oder Rechtschreib-, dafür eine zunehmende Leseschwäche, wie ich mal wieder feststellen muss. Der vor etlichen Jahren gekaufte Stadtplan erweist sich im Laternenlicht der Great Russell Street als ein allzu winziger Strichcode, der meinen Scannerblick hoffnungslos überfordert. So what? Das Dioptriendefizit mache ich mit der Reife meiner mittleren Jahre locker wett. Wozu hat man schließlich Erfahrungen und Erinnerungen bei früheren London-Besuchen gesammelt? So einigermaßen finde ich mich im Viertel noch zurecht. Und ansonsten werde ich mich auf das Navigationssystem früherer Zeiten verlassen: im Zweifelsfall einfach ein paar Passanten fragen.

Je näher ich meinem Ziel komme, desto stärker beschleicht mich das Gefühl, Schritt für Schritt in die Vergangenheit zurückzuwandern. Plötzlich melden sich längst vergessene Emotionen. Die Angst vor dem ersten Schultag kriecht aus dem Kellergeschoss meines Unterbewusstseins hoch, wo ich sie eigentlich sicher in einer Kiste mit der Aufschrift »ungute Kindheitserinnerungen« abgelegt zu haben glaubte. Und zugleich schnurrt mein Erwachsenen-Selbstbewusstsein auf ABC-Schützen-Format zusammen. Der Monumentalbau des British Museum, an dem ich gerade vorbeilaufe, verstärkt diesen Eindruck noch. Recht kleinlaut stelle ich mir all die Fragen, die mich auch als Sechsjährige an meinem ersten Schultag begleiteten: Werde ich mit meinen neuen Klassenkameraden zurechtkommen? Kann ich mich überhaupt mit meinen Wünschen und Sorgen verständlich machen?

Erste Lektion in der Lebensschule:
Wer in unbekannten Gewässern segelt, kommt darin nicht um

»Welcome to the School of Life!« Mit diesen Worten begrüßt mich eine junge Frau mit lustigen Locken und hakt meinen Namen ab. Ein kurzer Rundumblick in dem kleinen, mit Bücherregalen und Plakaten ausgestatteten Laden verrät mir: Ich bin das älteste Mädchen in der Lebensschule. Überall haben sich bereits Grüppchen angeregt plaudernder Mittdreißiger gebildet. Nervös halte ich mich an dem angebotenen Weinglas fest. Da ist es wieder, das Erster-Schultag-Gefühl. Bloß nicht allein auf dem Pausenhof bleiben. Denken die anderen gar, man sei irgendwie komisch, uninteressant, anders? Am liebsten würde ich fürs Erste unter einer Tarnkappe verschwinden. Nicht nötig. Niemand scheint den Senior-Alien aus der fernen Galaxie der Lesebrillenträger wahrgenommen zu haben. Der tut gerade so, als wolle er sämtliche im Raum vorhandenen Buchtitel auswendig lernen.

Ein »Hi, I'm Robin« befreit mich von dieser Verlegenheitsbeschäftigung und aus meiner Raumkapsel der Schüchternheit. Vor mir steht ein zweiter Alien aus einer noch ferneren Galaxie – jedenfalls sind seine Haare schon schlohweiß und fallen in drahtigen Wellen auf die Schultern hinab. Leider fehlt der lange Bart, sonst müsste ich annehmen, den Zwillingsbruder des Zauberers Gandalf aus dem »Herrn der Ringe« vor mir zu haben.

Ein bisschen Magie scheint Robin ebenfalls zu beherrschen. Denn sehr rasch lösen sich mein Fremdeln und meine phonetischen Verkrampfungen in Wohlgefallen auf. Mit Charme und leisem Humor verwickelt er mich in eine Konversation über moderne Fotografie und lauscht meinen britischen Sprachproben, als ob sie die Weisheit von Shakespeares Sonetten enthielten. Typisch, denke ich noch mit meiner kritisch-deutschen Gehirnhälfte: Wir Älteren bilden mal wieder ein Paralleluniversum weitab von den Planeten der Jugend und der Coolness. Falsch! Denn zwei Solo-Mittzwanziger geraten in unsere Umlaufbahn – ganz offenbar auf der Suche nach einer Gesprächs-Andockstation.

Der zauberhafte Robin sendet einmal mehr die richtigen Signale: ein Lächeln, einen netten Spruch, eine Frage – und schon diskutieren wir über die Bedeutung von Träumen und die Schwierigkeiten bei den Hausaufgaben. Hausaufgaben? Ja, die gab es wohl für alle Kursteilnehmer. Und ich habe sie verschwitzt. Wieder meldet sich meine innere ABC-Schützin mit diffusen Befürchtungen. Doch gleichzeitig beginne ich mein Schulabenteuer ein bisschen zu genießen. Denn die erste Lektion habe ich bereits gelernt: Man sollte sich öfter auf ungewohnte Situationen einlassen. Das dadurch ausgeschüttete Adrenalin prickelt durch die Blutbahnen und Hirnwindungen wie Champagner.

Die Fantasie ist ein scheuer Paradiesvogel:
So lockt man sie aus dem Versteck

Solchermaßen beschwipst, erlebe ich die Vorstellungsrunde, bemerke dabei noch weitere hinzugekommene Senior-Aliens und ausländische Akzente. Wie sich herausstellt, ist das Gefühl, im Kreisverkehr der Routine festzustecken, über Alters-, Berufs- und Ländergrenzen hinweg weit verbreitet. Es betrifft den smarten Unternehmensberater in der ersten Reihe, den mit etlichen Ringen geschmückten Hausmann schräg vor mir, meine Nachbarin, die Londoner Wirtschaftsjournalistin, die superscheue finnische Studentin sowie den etwas ungelenken, pensionierten Bankangestellten, mit dem ich mich später in der Teepause unterhalte. Sie alle beklagen einen schmerzlichen Verlust: Während wir damit beschäftigt waren, die Kinder zum Fußballtraining zu fahren und Powerpoint-Präsentationen über »Die Chancen des Private Banking heute und morgen« zu erstellen, ist unsere Fantasie davongeflogen wie ein Paradiesvogel, der in seinem angestammten Biotop nicht genügend gewürdigt wird. Unsere Lehrerin Cathy weiß, was in solchen Fällen zu tun ist, und erläutert uns einige wissenschaftlich fundierte Kreativitätskonzepte.

Von Geistesblitzen und göttlichen Eingebungen hält sie offenbar nicht viel. In ihrem Fünf-Punkte-Programm kommen jedenfalls auch die Begriffe »oft anstrengend« und »mühselig« vor: Von 1. Vorbereitung (Recherche, Beobachtung, Praxis) führt der Weg über 2. Brutzeit (unterbewusste Verarbeitung der gesammelten Informationen), 3. Vorahnung (eine Idee formt sich) und 4. Erleuchtung (Heureka, das ist es!) bis hin zu 5. Überprüfung (war die Idee wirklich so toll oder muss daran noch gefeilt werden?).

Danach gibt uns Cathy einige stimulierende Kostproben. Besondere Heiterkeit erregen die Handyfotos der kalifornischen Künstlerin Nina Katchadourian. Die langweilte sich auf Langstreckenflügen und stellte sich die Aufgabe, mit dem Inventar der Bordtoiletten »Selbstporträts im flämischen Stil« anzufertigen. Auf einem der Schnappschüsse ziert eine Sitzabdeckung ihr Haupt wie eine barocke Haube, auf anderen trägt sie aus Kleenex-Tüchern gebastelte Spitzenkragen.

Das Leben ist wie ein Eintopf: Man muss es kräftig würzen

Allein durch die Konfrontation mit solchen kreativen Projekten erwachen im Vernunftmenschen der Spieltrieb und die Abenteuerlust. Und augenblicklich hat man einen Vorsatz gefasst: Man sollte viel öfter auf den Versuch hin leben! Mal als Kandidat in einer Quizshow auftreten, auch wenn das Ergebnis peinlich ist. Oder vor dem berühmten Berliner Nachtklub Berghain dem Türsteher ins Auge sehen und schauen, was passiert. In solchen Momenten spürt man, dass das Leben wie ein köstlicher Eintopf ist: Je mehr Gewürze man ihm zusetzt, desto facettenreicher ist sein Aroma.

Was könnte mich aus meinem kopfgesteuerten Dasein retten? Was kommt in meinem Alltag zu kurz? Und wann habe ich mich zum letzten Mal richtig lebendig gefühlt? Mir fällt eine Situation ein, die erst ein paar Tage her ist: Mit dem Kopfhörer auf dem Kopf hörte ich David Bowies Song »Space Oddity«: »Ground Control to Major Tom: Take your protein pills, and put your helmet on.« Außer mir war niemand in der Wohnung, deshalb sang ich die Geschichte von dem Astronauten, der im All verloren geht, laut mit. Und schon war ich bei Punkt vier von Cathys Liste, der Erleuchtung, gelandet: Singen ist genau die Art von Rock 'n' Roll, die mir fehlt. Nur was und wo und wie wäre noch zu klären. Schon um auf diese Erkenntnis zu stoßen, hat sich der Kreativitäts-Workshop gelohnt.

Das Schöne an dieser Annäherung an die bisher ungenutzten Möglichkeiten des eigenen Talent-Portfolios: Anders als bei körperlichem Work-out braucht man weder ein Jahresabo im Sportstudio noch irgendeine Ausrüstung. Seinen Kopf und seine Gedanken trägt man ohnehin mit sich herum. Selbst im hohen Alter kann man noch (Originalitäts-)Rekorde brechen, wie zahlreiche Künstler jenseits der 80 bewiesen haben. »Bitte alles und alle ignorieren, die euch das Herumspinnen vermiesen!«, mahnt unsere Lehrerin Cathy. Gegen lang anhaltende Anfälle von Einfallslosigkeit hat sie noch ein Poesiealbumsprüchlein des Philosophen Walter Benjamin parat: »Die Langeweile ist der Traumvogel, der das Ei der Erfahrung ausbrütet.«

Hausaufgabe für fortgeschrittene Lebensschüler: »Basteln Sie sich eine Muse«

Besonders inspirierend in dieser Lebensschule: die spannenden Begegnungen in den großen Pausen zwischen den Unterrichtsstunden. Jeder Small Talk bei Tee und Cupcakes im »School of Life«-Salon ist gespickt mit Anregungen und Denkanstößen nach dem Motto »Wieso habe ich mich noch nicht getraut, meine Wünsche zu verwirklichen?«.

Da ist die Juristin, die sich gerade ein Sabbatical gönnt, um danach ihrem Traum von einer Filmproduzenten-Laufbahn etwas näherzukommen. Oder die brasilianische Familientherapeutin, die auf ihrem Blog ihre Talente als Short-Story-Autorin zur Debatte stellt. Und der spillerige Buchhalter in Schlips und Anzug, der sich vorgenommen hat, nach den Bürozeiten etwas mehr mit seinen Outfits zu experimentieren. Verlegen grinsend zupft er ein grellrot-gelb-grünes Einstecktuch aus der Brusttasche seines Jacketts. »My favourite colours!«

Ihr Fazit beginnt unsere bisher wohlwollend-bestimmte Lehrerin Cathy mit einer Beichte: Nun habe sie uns zwei Stunden lang erklärt, wie man sein kreatives Potenzial optimal ausschöpfen kann. Aber ihre eigene Karriere als Künstlerin habe sie vor ein paar Jahren auf Eis gelegt. Was sie allerdings nicht hindere, befreit von der Jagd nach Galeristen und Käufern weitere Werke zu produzieren. Dann reckt sie den mahnenden Pädagogenzeigefinger: Die romantische Vorstellung, dass tolle Ideen einem einfach so zuflögen, treffe nicht zu. Aber in Schaffenskrisen habe sie gute Erfahrungen mit einem besonderen Wesen gemacht: der Muse. Diese Geburtshelferin genialer Gedanken gab es schon im alten Griechenland. Nicht nur die englischen Romantiker bedankten sich für ihre Dienstleistung mit Lobgedichten. Über unseren Köpfen steigen unsichtbare Fragezeichen auf.

Bevor wir uns Cathys Muse als gut gebauten Jüngling mit inspirierendem Lächeln ausmalen können, zeigt sie uns die Collage eines seltsamen Zwitterwesens. Ein finster dreinblickendes Frauengesicht mit buschigen Augenbrauen sitzt auf einem durchtrainierten Körper, der in einer Korsage steckt und in Fellpfoten endet. »Ich habe meine Muse aus allen Wesen zusammengebastelt, deren Qualitäten ich bewundere. Darf ich vorstellen: Fridonna Squirrel.« Die mexikanische Malerin Frida Kahlo sei schon lange ihr künstlerisches Vorbild. Pop-Diva Madonna beeindrucke sie wegen ihrer Wandlungsfähigkeit.

Und das Eichhörnchen (engl. *squirrel*) mag sie wegen seiner Schnelligkeit und seinem unermüdlichen Sammlertalent. Nun hängt die dreifaltige Muse in Cathys Atelier. »Wie Ihr seht, habe ich zur Erinnerung noch die Eigenschaften dazugeschrieben, die ich an ihnen am meisten schätze. Daran richte ich mich immer auf, wenn ich mal eine kreative Ebbe spüre.«

Mit dem Auftrag, unsere eigenen Musen zu finden, entlässt uns Cathy in die Londoner Nacht und in die große »Schule des Lebens«.

Wie könnte meine Muse aussehen? Schnell erscheint vor meinem geistigen Auge eine beeindruckende Gestalt: Joan-Ingrid Schwarz hätte den Kopf der Schriftstellerin Ingrid Noll, deren amüsante Geschichten ich bewundere. Ihr Körper sähe so aus wie die wunderbar kurvige Gestalt von Joan Holloway. Die Sekretärin aus der amerikanischen Fernsehserie »Mad Men« beweist in jeder Folge, dass Souveränität und Sinnlichkeit eine unwiderstehliche Kombination bilden. Und um den Hals der Muse schmiegte sich ein schwarzer Panther mit glänzendem Fell – als Symbol für eine mit Eleganz gepaarte Stärke.

Als ich ein paar Tage später zufällig wieder durch die Marchmont Street schlendere, sehe ich ein großes, von Hand geschriebenes Plakat im Schaufenster der »School of Life«: »12 Schritte zum Wohlbefinden« lautet die Überschrift. Neugierig trete ich näher und muss über die Liste schmunzeln. Die Punkte hat sich eindeutig eine Frau ausgedacht, die meine Entspannungsmuse werden könnte: 1. superschnelles Internet installieren, 2. eine Massage in einem Luxus-Spa genießen, 3. einen gemütlichen Fernseh-abend zelebrieren, 4. ein Meerschweinchen in den Haushalt aufnehmen, 5. Cola trinken, 6. teure Schuhe kaufen, 7. die Haare tönen, 8. ein Make-up und/oder Gesichts-Treatment bei einem stadtbekannten Experten buchen, 9. die Haut mit einer hochwertigen Feuchtigkeitscreme verwöhnen, 10. in einer Karaoke-Bar mehrere Soli schmettern, 11. dem Schicksal für den wunderbaren Partner danken, 12. mehr und länger schlafen. Klingt alles sehr verlockend. Nur der Fernsehabend wird gestrichen, zumindest das »Tatort«-Ritual. So gewinne ich jeden Monat sechs Stunden Zeit – die investiere ich in Jazzgesangs-unterricht.

Sieben Rezepte aus der philosophischen Hausapotheke – zur Politur des Selbstbewusstseins in turbulenten Zeiten

DER GUT AUSSEHENDE NACHBAR, der sich immer so nett nach dem Gedeihen der Tomatenpflanzen auf dem Balkon erkundigt, verfolgte mit dieser Frage offenbar leider doch keine Flirt-Absichten: Trifft man ihn im Treppenhaus, trabt neuerdings immer eine attraktive weibliche Begleitung hinter ihm her. Die 5 Kilo, die seit dem Urlaub auf den Hüften liegen, verdünnisieren sich einfach nicht – trotz disziplinierten Sportprogramms. Und der Sparkassenangestellte gibt einem durch die Blume zu verstehen, dass er aufgrund der mangelnden Bonität seiner Kundin leider nicht den gewünschten Kredit für den Kauf des cremefarbenen Cabrios genehmigen kann.

Manchmal platzen Illusionen wie Seifenblasen. Und die Behauptung von Berufsoptimisten, man würde mit zunehmendem Alter immer gelassener werden, entpuppt sich als fromme Lüge. Was man in solchen Fällen braucht, ist ein Vorrat an aufbauenden Gedanken. Sieben Rezepte aus der philosophischen Hausapotheke mit garantiert stimmungsaufhellender Wirkung.

Vom Vergnügen, sich am richtigen Ort aufzuhalten

Beim Blättern durch eine Sonntagszeitung fiel mir eine in matten Grüntönen gezeichnete Bildergeschichte der Illustratorin Claire Lenkova ins Auge. Man sah einen Zug, der durch eine nicht näher definierte Landschaft fährt. In den über den Bildern platzierten Texten erzählte diese Landschaft, was mit ihr los ist. »Ich war ein Stück Landschaft zwischen zwei Bahnhöfen.« Dann folgen Ansichten aus der Nahperspektive: Bilder von Schmetterlingen und anderen Tieren. Dazu wird wieder der Kommentar der Landschaft eingeblendet: »Übers Jahr ließ ich Blumen blühen, Zaunkönige brüten, Rehe kreuzen, Eulen jagen … doch keine Reaktion seitens der Menschentiere!« An dieser Stelle sieht man eine Joggerin mit Hund einen Weg entlanghasten, die ihre Umgebung nicht zur Kenntnis nimmt.

Die Landschaft, so erfährt man, leidet darunter, dass keiner sie wahrnimmt. Und weil sie das frustriert, kommt sie auf eine geniale Idee: Sie zieht um und richtet sich auf einem Frankfurter Hochhaus ein – mitsamt allen Bäumen, Sträuchern und Tieren. Auf den letzten Bildern sieht man dann, wie sich ein kleines Wunder ereignet. Die Menschen strömen aus den Büros hoch in den Dachgarten, sie bewundern Schmetterlinge, streicheln die Rehe. Sogar die Borkenkäfer heimsen Applaus ein. Und die Landschaft registriert erfreut: »Über einen Mangel an Aufmerksamkeit kann ich mich seither nicht beklagen.«

Die Geschichte enthält eine interessante Wahrheit: Ob wir uns an einem Ort wohl und akzeptiert fühlen, hängt nicht nur von uns selbst ab, sondern auch von dem Ort, an dem wir uns befinden. Will man seine Stimmung verbessern, sein Selbstbewusstsein aufmöbeln, braucht man manchmal einfach nur an einen anderen Ort zu gehen.

So gibt es Areale in deutschen Großstädten, die machen Menschen über 25 depressiv. Berlin-Mitte ist so ein Biotop. Umgeben von Hipstern mit tief in den Nacken hinunterhängenden Wollmützen auf dem Kopf, fühlt man sich alt und wird den Eindruck nicht los, man sei fehl am Platz. Ganz anders im Café des Literaturhauses in der Wilmersdorfer Fasanenstraße. Nirgendwo in der Stadt wird graues Haar mit so viel Stil getragen. Wer hier als mittelalter Mensch ein Weilchen sitzt, den ergreift Euphorie – weil man angesichts der vielen interessant aussehenden Generationsgenossen eine Ahnung von den Möglichkeiten bekommt, die noch vor einem liegen. Auch Paris ist übrigens eine Stadt, in der man sich als Über-40-Jährige wahrgenommen und willkommen fühlt. Die Anrede »Madame«, mit der man hier überall angesprochen wird, klingt jedenfalls wie ein Ehrentitel.

Man könnte diese Suche nach den für das eigene Selbstbewusstsein zuträglichsten Orten noch mehr verfeinern, indem man persönliche Vorlieben und Stärken einbezieht: Das Wiener Caféhaus – egal welches – steht auf meiner persönlichen Hitliste ganz oben, weil es eher ein Ort für Beobachter als für Performer ist. Letztere finden vermutlich in Lokalen wie dem Berliner Grill Royal oder im Münchner Restaurant Brenner eine ihnen angemessene Heimat.

Einen Ortswechsel sollte man auch dann in Erwägung ziehen, wenn man in das Umfeld eines wenig wohlmeinenden Menschen gerät. Wer zu den Good Guys und wer zu den Bad Guys zählt, entscheidet jeder nach seinen individuellen Empfindlichkeiten. Eine Kategorie Mann sollten Frauen sich jedenfalls in allen Lebensaltern vom Leibe halten: diejenige, die permanent von der Schönheit anderer Frauen schwärmt.

Im vermeintlichen Fluch den Segen entdecken: Wie man sich selbst ein guter Freund wird

Unterwegs in New York mit meiner damals 16-jährigen Nichte Hanna, staunte ich an jeder Straßenecke darüber, wie anders sich das Leben anfühlen muss, wenn man – wie sie – eine sehr hübsche und selbstbewusste Blondine ist. In der Bar überschüttete uns der Kellner mit netten Aufmerksamkeiten, die Sonnenbrillenhändler auf der Fifth Avenue rückten ihre Ware zum Dumpingpreis heraus. Selbst die Vögel im Central Park, so kam es mir vor, zwitscherten, sobald sie Hannas ansichtig wurden, nicht mehr ihre üblichen Alltagsmelodien, sondern ein Potpourri aus den besten Frank-Sinatra-Hits.

Ausgestattet mit einem Durchschnittskörper, einem Durchschnittsgesicht und Haaren im mitteleuropäischen Durchschnittston Braun, besaß ich niemals die Art von Schönheit, die Frauen Macht über Menschen – besonders über Männer – verleiht. Jahrzehntelang habe ich mit dieser Tatsache gehadert, weil ich ahnte, dass mir durch den Mangel an optischer Strahlkraft eine sehr schöne Dimension des Lebens und des Frauseins verschlossen blieb.

Dieses Ringen mit den eigenen Unzulänglichkeiten ist zwar unproduktiv, aber völlig normal, beruhigt die Psychologie. Denn unser Gehirn ist äußerst empfänglich für negative Signale und Informationen. Es ist darauf geeicht, Gefahren wahrzunehmen. Diese einseitige Aufmerksamkeit des Gehirns hat dem Homo sapiens das Überleben gesichert, hat Kristin Neff, eine anerkannte Expertin für das Thema »Selbstmitgefühl« (self-compassion) in ihren Forschungen herausgefunden. Positive Situationen und Informationen sind fürs Überleben weniger ausschlaggebend. »Unser Gehirn ist, bildlich gesprochen, für negative Informationen eine Art Klettband und eine Teflonpfanne für alles Positive: Zu erkennen, dass im Fluss gefräßige Krokodile lauern, ist eine sehr viel wichtigere Information als die Tatsache, dass der Fluss klares Wasser führt. Aus diesem Grund sehen wir in schwierigen Zeiten nur das, was nicht klappt, und haben Schwierigkeiten, uns trotz allem zugewandt zu bleiben.«

Wenn es so etwas gibt wie Altersweisheit, dann hat sie sich mir in folgender Erkenntnis offenbart: Das Leben besteht aus Gegensätzen. Das bedeutet, dass da, wo Schatten ist, irgendwo auch Licht sein muss, dass im vermeintlichen Fluch auch ein Segen verborgen sein kann. Als eher unspektakuläre Erscheinung trieb ich mich zwar selten als Solistin auf der Bühne des großen Welttheaters herum. Dafür inspizierte ich ungestört den Orchestergraben, kletterte auf den Schnürboden und sah den Maskenbildnern bei der Arbeit zu. Kurzum: Ich verfeinerte meine Fähigkeiten zur Beobachtung. Selbst wenn man mich in einer Raumkapsel ins Weltall schießen würde, ginge mir der Vorrat an Gedanken niemals aus. Dass das ein Schatz ist, verstand ich erst in der zweiten Lebenshälfte. Viel zu sehr war ich in den ersten 40 Jahren auf meinen vermeintlichen Mangel an Schönheit fokussiert. Dort, wo der Mangel ist, lohnt es sich also, einmal genauer hinzusehen. Ganz in der Nähe wird man auf einen Bonus stoßen.

Eine Erkenntnis mit befreiender Wirkung:
»Es ist nie zu spät anzufangen«

In der Berufsbeilage einer Tageszeitung wurden Menschen vorgestellt, die jenseits des klassischen Lehrlingsalters noch eine Ausbildung begonnen haben. Eine Mittvierzigerin etwa machte eine Lehre als Bäckereifachverkäuferin und übernahm gleich nach Ende ihrer Ausbildung eine eigene Filiale. Eine Hausfrau und gelernte Friseurin, deren Kinder ausgezogen waren, suchte eine neue Aufgabe und absolvierte ein einjähriges Traineeprogramm bei einer Bank. Die Menschen, die in diesem Artikel vorgestellt wurden, sind zwar noch eine Avantgarde, aber sie wirken inspirierend und bestätigen die Erkenntnis des Mönchs und Schriftstellers Anselm Grün: »Es ist nie zu spät anzufangen.«

Wer spät neu anfängt, tut dies meist mit besonderem Schwung. Oft hat er nämlich eine Phase des Großreinemachens hinter sich, in der es darum ging, Ballast beiseitezuschieben, zu betrauern, dass man sich in früheren Episoden des Lebens zu sehr angepasst oder nur funktioniert hat. »Auch das Ungelebte hat einen Sinn«, sagte Grün in einer Serie des *stern*, die sich mit den Lebensumständen der Generation 40 plus beschäftigt. »Es ist eine Einladung, jetzt das richtige Leben zu führen. Das heißt nicht, alles nachzuholen. Aber im Dunkel des Ungelebten hat sich etwas angesammelt, das jetzt ans Licht kommen will. Niemand ist festgenagelt auf seine Vergangenheit. Jeder kann jeden Tag neu anfangen. In jedem Alter.«

Besonders schön ist so ein Neuanfang, wenn man ihn mit einem glamourösen Ritual zelebriert, wie es die Performance-Künstlerin Marina Abramoviç nach der Trennung von ihrem Lebenspartner und Künstlerkollegen Ulay tat. »Er hatte eine 25-jährige Übersetzerin geschwängert. Ich war 40, fühlte mich fett, hässlich und ungeliebt«, erinnert sich Abramovic. Sie stand damals vor der Wahl, entweder in eine Depression zu verfallen – oder einfach weiterzumachen. Sie zog nach Paris, kaufte sich das erste Designerteil ihres Lebens, ging zum Friseur und leistete sich eine teure Maniküre. »I thought wow!« Seither arbeitet sie an ihrem Hauptwerk *Beeing Marina Abramoviç* und wurde damit zur vermutlich bekanntesten und wohl auch finanziell erfolgreichsten Performance-Künstlerin der Welt.

Die Counterclock-Strategie: Wie man auf ganz einfache Weise die biologische Uhr zurückdreht

Im Herbst des Jahres 2012 beschäftigte die Affäre des früheren Generals und CIA-Chefs David Petraeus die ganze Welt. Es war herausgekommen, dass der amerikanische Held mindestens eine Geliebte unterhielt. Obwohl damals bereits um die 60, war er in seine Biografin Paula Broadwell offenbar verknallt wie ein Teenager. Dass er sich jünger fühlte und aussah, als er war, und sich auch einer sehr virilen Libido erfreute – all das sind möglicherweise angenehme Nebeneffekte seiner Dienstkleidung: Petraeus trug Uniform.

Dieses Kleidungsstück wirkt auf die Psyche eines Menschen offenbar wie eine Forever-Young-Pille, wie Harvard-Professorin Ellen Langer durch handfeste Studien untermauert hat. Die Sozialpsychologin untersuchte die Krankheitsstatistiken für 1986 bis 1994 von 206 Berufsgruppen in den USA. Dabei fand sie heraus, dass Berufstätige, die Uniformen tragen, seltener krank waren und sich subjektiv gesünder und jünger fühlten als Berufstätige gleicher Einkommensstufen, die ihre Arbeit in ziviler Kleidung verrichteten.

Dieses Phänomen ist in der Psychologie unter dem Ausdruck »Priming« bekannt. Ein »Prime« ist ein Signal, das bei einem Menschen bestimmte Assoziationen aktiviert und dadurch seine Gefühle und Handlungen beeinflusst. Ein Mann, der früh seine Haare verliert und beim Blick in den Spiegel denkt »Jetzt werde ich alt«, fühlt sich auch älter als ein Gleichaltriger mit vollem Haar. Und ein 50-jähriger Polizist, Arzt oder General, der die gleiche Uniform trägt wie seine 30-jährigen Kollegen, fühlt sich als Teil einer jugendlichen Truppe – anders als ein Generationsgenosse, der glaubt, er müsse ab einem gewissen Alter Kombinationen in gedeckten Farben tragen. Die innere Einstellung eines Menschen hat eine fundamentale Wirkung auf seinen Körper, zeigt Langer in ihrem Buch »Counterclockwise«.

Um diesem Effekt auf die Spur zu kommen, starteten Langer und ihre Mitarbeiter 1979 ein aufwendiges Experiment. Sie bauten ein abgeschiedenes Kloster im US-Staat New Hampshire so um, dass Besucher sich dort in das Jahr 1959 zurückversetzt fühlten. Das Radio spielte Musik von Nat King Cole, und im Fernsehen liefen die Serien und Filme der damaligen Zeit. Dann luden die Forscher 16 Männer im Alter zwischen Ende 70 und Anfang 80 ein, eine Woche in diesem nostalgischen Ambiente zu verbringen.

Die Teilnehmer wurden in zwei Gruppen aufgeteilt. Eine Gruppe sollte sich vorstellen, dass es tatsächlich 1959 sei. Sie sollten all das tun, was sie zu der damaligen Zeit getan hatten. Wenn die Männer sich unterhielten, dann sprachen sie miteinander, als ob sie noch mitten im Berufsleben stünden, die Kinder noch zu Hause wohnten und die Autos noch die Größe von Straßenkreuzern hatten. Niemand durfte Ereignisse erwähnen, die nach 1959 stattgefunden hatten. Die Kontrollgruppe dagegen durfte sich lediglich erinnern, wie es vor 20 Jahren gewesen war – sie durften aber nicht mit Haut und Haaren in diese Zeit eintauchen.

»Die Ergebnisse der Studie waren atemberaubend«, berichtete die Zeitschrift *Psychologie Heute*. »Beide Gruppen wurden ›jünger‹, aber die Teilnehmer der Experimentalgruppe, die sich auch innerlich in die Vergangenheit zurückversetzt hatten, zeigten weit größere Veränderungen. Sie hatten weniger Arthritis in den Händen, konnten ihre Gelenke überhaupt besser bewegen und waren bei manuellen Aufgaben entsprechend geschickter. Ihre mentalen Fähigkeiten waren messbar gestiegen. Gang und Haltung hatten sich verbessert. Neutrale Beobachter, denen die Wissenschaftler Fotos der Männer zeigten, bestätigten, dass sie am Ende des Experiments deutlich jünger aussahen als am Anfang. Mit anderen Worten: Der Alterungsprozess war ein Stückchen zurückgedreht worden. Und das innerhalb von sieben Tagen.«

»Es ist nicht in erster Linie das physische Selbst, das uns Grenzen setzt, sondern vielmehr die mentale Überzeugung, dass es solche physischen Grenzen gibt«, schlussfolgert Ellen Langer in »Counterclockwise«. Das sensationelle Aussehen einer Schauspielerin wie Sharon Stone, die sich seit Jahrzehnten ihren jugendlichen Look bewahrt hat, könnte damit zu tun haben, dass sie solche Grenzen schon immer ignoriert hat. Was sich zum Beispiel darin zeigt, dass sie – wie Paparazzi-Fotos dokumentieren – in ihrer Freizeit meist lässige Mode (Jeans, T-Shirt, Lederjacke) trägt. Solche Basics stehen 50-Jährigen genauso gut wie 20-Jährigen.

Die Wissenschaftlerin Ellen Langer hat als Schlussfolgerung aus ihren Studien eine sehr einfach umzusetzende Forever-Young-Formel abgeleitet, die aus drei Ratschlägen besteht. Erstens: Hinterfrage ständig deine Denkmuster und probiere öfter Alternativen aus. Zweitens: Sei offen für Neues. Und drittens: Sei dir bewusst, dass die Art, wie du die Welt betrachtest, nur eine von vielen möglichen Perspektiven ist.

Hat man erst einmal verstanden, nach welchen Gesetzen dieser Jungbrunnen funktioniert, braucht man nur ein bisschen Kreativität, um Situationen zu schaffen, bei denen dieser Effekt wirksam wird. Man könnte zum Beispiel tun, was man mit 25 oft getan hat: ein Rockkonzert besuchen und danach irgendwo bis in die Nacht hinein feiern. Im Audimax der Universität eine Lesung von John Green anhören. Oder man begibt sich mal wieder in die Gesellschaft von Leuten, die einen noch aus der Studentenzeit kennen. Wenn sie uns betrachten, sehen sie nicht nur unser aktuelles Ich, sondern vor ihrem geistigen Auge bewegt sich gleichzeitig auch das Partygirl von damals. Eine Verjüngungskur mit hohem Unterhaltungswert – und ohne Risiken und Nebenwirkungen.

Ein sofort wirkendes Gegengift gegen Lebensängste: eine Summe Fluchtgeld auf dem Konto

Als der Unternehmer Michael Bloomberg sich 2001 bei der Wahl des New Yorker Bürgermeisters als Kandidat vorstellte, wurde er gefragt, ob es für ihn, den erfolgsverwöhnten Medien-Tycoon, nicht eine schwer zu verdauende Niederlage wäre, wenn er am Ende die Wahl verlieren würde. Natürlich fände er das bedauerlich, antwortete Bloomberg. Aber er könne – falls dieser Fall eintreten würde – diese Schlappe verschmerzen. Denn er verfüge über eine beruhigende Ressource: Fuck-you-Money. Ein Ausdruck, den man in der eleganten Variante als »Fluchtgeld« übersetzen würde. Gemeint ist eine Summe Bares, die ihrem Besitzer die Freiheit gibt, einen Ort, an dem man nicht (mehr) erwünscht ist, hoch erhobenen Hauptes und mit geradem Rücken zu verlassen.

Einen solchen kleinen Schatz auf der Bank zu wissen, tut jedem gut. Und es lohnt sich, auf den ein oder anderen Impulskauf zu verzichten, um das Sicherheitspolster von Zeit zu Zeit ein wenig aufzustocken. Das Fluchtgeld ist nicht nur ein wunderbares Gegengift gegen Lebensängste, es hat auch eine magische psychologische Wirkung: Wer es besitzt, wird es niemals brauchen. Allein zu wissen, dass es da ist, macht stark und unangreifbar.

Es geht dabei nicht um Millionen, sondern um ein paar Monatsgehälter, die ihren Besitzer in die Lage versetzen, unangenehme Ereignisse abzufedern und in Ruhe zu überlegen: Was kommt jetzt?

Wesentlich werden: Wie man die Faszination der Reduktion entdeckt

Als Teenager bekam ich ein Buch geschenkt, dessen Titel in meinen Ohren äußerst kitschig klang, dessen Geschichte mich aber faszinierte. »Wenn süß das Mondlicht auf den Hügeln schläft« hieß der Roman von Eric Malpass.

An einer Stelle räsoniert die männliche Hauptfigur darüber, dass sie um keinen Preis ihr gemütliches Leben als Familienvater in mittleren Jahren aufgeben würde, um noch einmal eine Existenz als junger Mann führen zu können. Damals konnte ich das nicht nachvollziehen. Heute schon.

Wie viel Anstrengung und Nerven hat es mich jedes Mal gekostet, einen Artikel zu schreiben oder in irgendwelchen sozialen Zusammenhängen eine passable Figur zu machen. Das Leben kann sehr mühsam sein für einen Menschen, der erst dabei ist, sich zu etablieren. Das Geschenk der mittleren Jahre besteht auch darin, dass man sich nicht mehr abstrampeln muss, um ein passables Ergebnis zu erreichen – sei es, dass man ein fünfgängiges Menü kocht, das Auto einparkt oder einen Pullover mit kompliziertem Muster strickt.

Als Studentin besuchte ich einen Flamenco-Kurs. Alle Teilnehmerinnen waren ebenfalls Studentinnen, die Lehrerin eine etwa 45-jährige Frau namens Nadi. Wir Amateure fuchtelten dramatisch mit den Armen, klapperten aufgeregt mit Kastagnetten und drehten uns um die eigene Achse, als wäre ein Derwisch in uns gefahren. Ganz anders Nadi, deren Tanz reduziert und präzise war wie eine Skizze von Picasso. Ihr reichten wenige Bewegungen, um ein Maximum an Ausdruck zu erzielen.

Diese konzentrierte Lässigkeit ist ein Gewinn, der einem im Laufe von vielen Jahren Erfahrung in einem Metier fast beiläufig zufällt und der manchem künstlerischen Werk noch eine Krone aufsetzt.

Der Ausnahmemusiker Keith Jarrett etwa war dafür bekannt, dass er bei seinen Konzerten mit dem ganzen Körper spielte. Oft sah es so aus, als ringe er mit seinem Instrument. 1996 wurde er schwer krank. Monate später spielte er für seine Frau ein neues Album ein, eine CD mit ganz simplen Stücken, die in sich selbst zu verschwinden scheinen. »The Melody at Night, With you« halten viele Fans für die schönste Liebeserklärung, die es auf CD gibt. Gleichzeitig ist sie ein Meisterwerk der Reduktion. Wie schön es ist, wesentlich zu werden, entdeckt jeder auf seine Art. Manchmal bedeutet es einfach nur, dass man zu einem Angebot Nein sagt, ohne ein schlechtes Gewissen zu haben. Ab einem gewissen Alter ist die Angst, Zeit zu verlieren, größer als die, etwas zu verpassen.

Die Dinge beim Namen nennen: Plädoyer für Ehrlichkeit im Umgang mit sich selbst

Eine meiner früheren Kolleginnen, mit der ich bei einem Boulevardmagazin zusammenarbeitete, beherrschte die ungeschriebenen Spielregeln, die dort galten, perfekt. Sie erschien täglich sehr gut angezogen, frisiert und geschminkt an ihrem Arbeitsplatz. Sie war bei allen wichtigen Konferenzen präsent, schlug stets ein paar interessante Themen vor und ließ sich von den männlichen Platzhirschen, die ihr bei der Diskussion dieser Themen gelegentlich in die Parade fuhren, nicht provozieren. Sie war damals um die 60, besaß aber nach wie vor einen umwerfenden, aber eleganten Sex-Appeal, der von den Platzhirschen in ihrem Umfeld durchaus registriert wurde. Entsprechend unangefochten war ihr Standing in der Redaktion.

Als ich zufällig einmal in München-Schwabing an einer Ampel stand, sah ich sie schräg gegenüber eine Straße kreuzen. Sie war eine elegante Erscheinung, wie immer, doch mir fiel auf, dass sie sehr langsam lief und ein Bein nachzog. »Hast du denn nicht gewusst, dass sie ganz furchtbar unter Arthrose leidet?«, fragte eine gemeinsame Bekannte, der ich von der Begegnung erzählte. »Das Knie tut ihr seit Jahren weh. Doch sie zwingt sich dazu zu gehen, als wäre alles okay. Sie will in der Redaktion keine Schwäche zeigen. Nur wenn sie sich unbeobachtet fühlt, erlaubt sie es sich, das Bein nachzuziehen.«

Wie viel Kraft muss es sie gekostet haben, nach außen hin eine Bella Figura zu machen, überlegte ich. Und wie anstrengend ist unser Leben geworden, wenn man seine Schwächen oder körperlichen Gebrechen verstecken muss, aus Angst, seine Reputation als attraktiver und stets einwandfrei funktionierender Mitarbeiter zu verlieren. Wie gelingt es, all die widersprüchlichen Erwartungen miteinander zu vereinbaren, die auf unterschiedlichen Bühnen an uns gestellt werden? »Sei authentisch und offen« lautet der moralische Imperativ im Umgang mit Freunden und Familie. »Mach dich nicht angreifbar«, empfiehlt der Management-Coach. Wer klug sei, trage sein Herz am Arbeitsplatz nicht auf der Zunge – so die Expertin für Business-Etikette, deren Empfehlungen ich neulich las. Sie rate ihren Klienten dazu, ihre Persönlichkeit in zwei unterschiedliche Ichs aufzuspalten: eine Job-Persönlichkeit und den privaten Menschen.

Das permanente Maskieren des Selbst auf der öffentlichen Bühne: Vielleicht ist das tatsächlich die beste Taktik, um im Job noch ein bisschen mitspielen zu dürfen. Aber wie viel Energie geht dabei drauf, ständig zwischen Sein und Schein hin- und herzuswitchen!

Deshalb sollten wir wenigstens im Umgang mit uns selbst radikal ehrlich sein. Dass diese Haltung sogar den Umgang mit schlimmen Schicksalsschlägen erleichtert, erfuhr ich bei der Lektüre eines *Spiegel*-Interviews mit Philippe Pozzo di Borgo, dessen Geschichte in »Ziemlich beste Freunde« verfilmt wurde, und Samuel Koch, der bei »Wetten dass..?« verunglückte. Beide sind durch ihre Unfälle querschnittsgelähmt. Sie haben Bücher darüber veröffentlicht, wie es ihnen mit der Behinderung geht, und benennen die damit verbundenen Details sehr offen und unsentimental. »Pozzo hat seine Potenz verloren. Er wird zum schiefen Turm von Pisa, immer kippt er zur einen oder zur anderen Seite«, berichtet etwa Pozzo di Borgo. Als der Reporter ihn fragt, warum er so hart über sich redet, antwortet er: »Weil man die Dinge so sagen muss, wie sie sind. Wir sind hier nicht im Kino. Das ist die wichtige Botschaft, die Samuel und ich haben. Man kann sich selbst aus den misslichsten Lagen herausbefördern, wenn man sein Schicksal klar benennen kann, wenn man es also angenommen hat. Aber nur dann.«

Diese Strategie hilft natürlich auch im Umgang mit ganz harmlosen, alltäglichen Ärgernissen. Das Fettpolster, das sich seit einigen Jahren an meinem Bauch festgesetzt hat, sei Ausdruck der Intelligenz meines Körpers, versuchen Helden des Positive Thinking mir einzureden. Weil das Immunsystem mit dem Alter schwächer wird, sei man jetzt öfter krank. Deshalb lege der Organismus in der Leibesmitte ein Polster für Notzeiten an. »Es klingt plausibel, ist aber trotzdem eine Scheißidee«, blaffe ich in solchen Fällen zurück. Und fühle mich auf wundersame Weise befreit.

Nichts ist so entlastend wie das Vergnügen, ärgerliche Dinge beim Namen zu nennen. Denn dieser erfrischende Akt der Seelenhygiene befreit uns von psychischem Druck. Meist hat dieses Verhalten sogar den Nebeneffekt, dass man mit seinen Schimpftiraden Gleichgesinnten aus der Seele spricht. So ging es dem britischen Autor Adam Mansbach mit seinem Buch »Verdammte Scheiße, schlaf ein«. Der Vater bringt darin in Reimform seinen Frust darüber zum Ausdruck, dass seine Tochter Vivien nicht einschlafen will. Als emotional intelligentes Elternteil – ausgerüstet mit den Empfehlungen diverser Erziehungsratgeber – müsste man eigentlich Ich-Botschaften formulieren

wie: »Wenn du nicht schläfst, machst du mich sehr traurig.« Mansbach aber reimt: »Der Wind flüstert sanft durch
die Gräser. Die Feldmaus rollt sich ganz klein. Ich sitze
hier bald eine Stunde, mein Kind. Verdammte Scheiße,
schlaf ein.« Das ist zwar pädagogisch unkorrekt. Doch
der Autor traf damit den Nerv eines Millionenpublikums.

NACHWORT

Und jetzt?
Eine Einladung
zum Weiterdenken

WER GERNE WANDERT, hat diese Beobach-
tung sicher auch schon einmal gemacht: Je häufiger man
sich durch eine bestimmte Landschaft bewegt, desto vertrauter wird sie einem. Man weiß, wo der Weg nach längeren Regenperioden noch sumpfig ist, auch wenn der
Boden auf den ersten Blick trocken aussieht. Und weil
man alle Gasthäuser an der Strecke schon einmal besucht hat, muss man nicht mehr lange überlegen, wo man
einkehren wird: in dem Lokal, wo der Wirt die Radler-
maß eiskalt und perfekt gemixt serviert.

Wie ein Spaziergänger, der einen neuen Parcours entdeckt, näherte ich mich – als ich dem Thema mit Mitte 40
nicht mehr ausweichen konnte – auch den Erscheinungen
des Älterwerdens. Tastend, beobachtend, vergleichend
und nachdenkend maß ich Schritt für Schritt das Terrain
aus. Wie jeder Mensch jenseits der 40 hatte ich die Sprü-

che der Wanderer im Ohr, die mir bereits einige Kilometer voraus waren. »Älter werden ist nichts für Feiglinge«, diese Weisheit von Mae West ist bis an die Grenze zum Sprachklischee strapaziert worden. Aber stimmt sie auch? Und wenn ja, warum ist das so?

So wie man anderer Leute Urteile über einen Wein, ein Buch oder ein Hotel nicht ungeprüft übernimmt, macht man ja auch mit dem Älterwerden sehr persönliche Erfahrungen. Ich zum Beispiel stellte fest, dass Fältchen und Falten, diese in Zeitschriften und von Kosmetikherstellern vielstimmig beschworenen Horrorvisionen unter den sichtbaren Makeln des Alterns, mich nicht besonders irritieren. Die Elastizität der Haut lässt nach – mit dieser Tatsache kann ich bisher gut leben. Andererseits gibt es Beobachtungen, mit denen ich mich nur schwer arrangieren kann. Für manche attraktive Jobs, zum Beispiel, wird man mit 50 nicht mehr in Betracht gezogen. Denn das Umfeld betrachtet einen als Menschen, der seine Karriere bereits hinter sich hat, und signalisiert einem das auf mehr oder weniger subtile Weise. Den Job bekommt ein anderer, der jung und hungrig ist.

Und sonst? Was macht Angst am Altern? Und welches Rüstzeug hilft bei der Konfrontation mit den wirklich desillusionierenden Dingen?

Dieses Buch ist mein vorläufiger Zwischenbericht. Bilanzierend bleibt bisher festzuhalten: Das Älterwerden ist, wie die meisten Dinge im Leben, eine ambivalente Angelegenheit. Zumindest für die Jahre um die 50 und sicher auch für diejenigen um die 60 gilt: Jedes Minus an

Lebensqualität und Möglichkeiten wird durch ein Plus neutralisiert. Und es gibt ein paar Phänomene, die uns immer und überall gegen den Midlife-Blues immunisieren: kluge Gedanken, wohlmeinende Menschen sowie Sehnsüchte, Pläne und Visionen, deren Realisierung wir jetzt vorantreiben können. Was hält uns ab?

All denen, die noch nicht in das Land der Lesebrillenträger übergesiedelt sind, bleibt zu sagen: Älterwerden ist ein bisschen so wie ein Sprung vom 10-Meter-Brett. Steht man oben, zittern einem die Knie aus Angst vor der Erfahrung, die man vor sich hat. Aber ist man erst mal abgesprungen und dümpelt mit den anderen Mutigen im Becken herum, fühlt es sich eigentlich ganz komfortabel an. Vor allem zwei Erkenntnisse sind es, die diesen Eindruck erzeugen.

Erstens: der innere Druck, sich im Job oder auf den anderen Bühnen des Lebens am Mainstream zu orientieren, lässt nach. In der Mitte des Lebens hat man so viel Statur gewonnen, dass man souverän entscheidet, wo Anpassung sich nicht vermeiden lässt und wo man es sich schuldig ist, auf stille oder deutliche Weise Widerstand zu leisten. Man operiert aus der Mitte seiner Eigentümlichkeiten, und das ist ein befreiendes Gefühl.

Was bleibt, ist der Groll darüber, dass mit zunehmendem Alter der Grundumsatz sinkt und die Rettungsringe am Bauch immer dicker werden. In diesem Fall hilft die zweite große Erkenntnis: Für jedes Ärgernis, das das Leben uns in den Weg würfelt, eröffnet es uns auch Lösungswege. Auch für den Umgang mit dem Rettungsring. Entweder ich arrangiere mich mit ihm und stelle meinen Look um – sind die Hüften für ein Etuikleid zu rundlich geworden, verpacke ich sie eben in ein kurvenfreundliches Wickelkleid. Oder ich esse weniger. Oder ich kurbele den Stoffwechsel an, indem ich dreimal in der Woche laufen gehe.

Welche Variante für mich die sinnvollste ist, entscheiden meine persönlichen Präferenzen und Prioritäten.

Dieses Buch soll dazu anregen, solche Vorlieben herauszufinden – in so vielen Bereichen wie möglich. Es ist eine Einladung an Sie, die in den einzelnen Kapiteln beschriebenen Phänomene und Reflexionen weiterzudenken – und die mittleren Jahre zu den Glory Days Ihres Lebens zu machen.

Anmerkungen

Warum die Babyboomer die neue Macht im Land sind – und wie sie diese Macht klug nutzen

1. Ernst Augustin: »Generationenvertrag«. In: »Der Künzler am Werk«, H. Beck Verlag, München 2004
2. vgl. Theresa Authaler: »Blutige Anfänger«, *Süddeutsche Zeitung*, 28./29. 4. 2012
3. Norberto Bobbio: »Vom Alter – De Senectute«. In: Thomas Rentsch/Morris Vollmann: »Gutes Leben im Alter. Die philosophischen Grundlagen«, Reclam-Verlag, Stuttgart 2012
4. Max Otte: »Der Crash kommt«, Ullstein-Verlag, Berlin 2008, S. 183
5. Elke Bodderas: »Die Middle-Agers als Krone der Evolution«, *www.welt.de*, 17. 3. 2012
6. Ralf Rothmann: »Abschied von Montparnasse«. In: »Shakespeares Hühner«, Suhrkamp-Verlag, Berlin 2012
7. »Jung zu sein ist in meinem Job ein Desaster«. Claus Spahn im Gespräch mit Roger Norrington, *DIE ZEIT*, 19. 3. 2009

Was man von den Jungen über das Leben lernen kann

1. Henning Sussebach: »Modell Pudel – Frau in Grau«, *ZEIT ONLINE*, 4. 11. 2004
2. Christian Aust im Interview mit Naomi Watts zum Start des Woody-Allen-Films »You will meet a tall dark stranger«, *ELLE* 12/2010
3. James N. Frey: »Wie man einen verdammt guten Roman schreibt«. Emons-Verlag, Köln 2002
4. Beth Ditto über »Rettung«. Interview von Rebecca Casati, *Süddeutsche Zeitung*, 27./28. 11. 2010

Die Magie zweier unterschätzter Anti-Aging-Waffen: Humor und (Selbst-)Ironie

1. Diana Vreeland: »Allure – Der Roman meines Lebens«, Schirmer/Mosel Verlag, München 2011

2. Sigourney Weaver in der Rubrik »Leute«, *Süddeutsche Zeitung*, 31. 7.2012

3. Wilhelm Schmid: »Schönes Leben? Einführung in die Lebenskunst«. Suhrkamp 2000, S. 97

4. Schmid, S. 103

Der größte Feind der Bella Figura sind nicht die Falten – es ist die Selbstgerechtigkeit

1. Tobias Kniebe: »Macht mal halblang«, *Süddeutsche Zeitung*, 31. 1./ 1. 2. 2009

2. Grundlage für meine freie Übersetzung ist die DVD »The best of British Comedy«, hg. von *The Observer*. Monty Python »The Four Yorkshiremen«. From ›Poke In The Eye With A Sharp Stick‹ Gala for Amnesty International. Recorded at Her Majesty's Theatre, London 1976

3. vgl. Thomas Ostermeiers Artikel »Warum diese Feindschaft?«, *Süddeutsche Zeitung*, 26. 5. 2010

4. Jens Jessen: »Die traurigen Streber«, *DIE ZEIT*, 28. 8. 2008

5. vgl. Kurt Kister: »Das Hochwasser des Nils«, *Süddeutsche Zeitung*, 21./22. 11. 2009

6. vgl. Josef Kelnberger: »Verrückte Typen, Obertucken, kleine Fische«, *Süddeutsche Zeitung*, 31. 12. 2008

7. Sibylle Berg: »An Sachen festhalten«, *Süddeutsche Zeitung*, 16./17. 2. 2008

Wie der Modedesigner Marc Jacobs in die zweite Pubertät kam – und wie man die Herausforderungen dieser Phase souverän bewältigt

1. Judith Lembke: »Neulich in meinem Café«, *Frankfurter Allgemeine Sonntagszeitung*, 15. 3. 2009

2. Frank Schirrmacher: »Das Methusalem-Komplott«. Heyne-Verlag, München 2005, S. 90

3. Ilka Piepgras: »Von der Krise geküsst«, *ZEIT-Magazin Leben*, 14. 3. 2008

4. vgl. »Der harte Kern der Arbeitslosen«, *Süddeutsche Zeitung*, 31. 1. 2012

5. zit. nach Schirrmacher, S. 159f.
6. Geraldine Chaplin über das Älterwerden. Interview von Rebecca Casati, *Süddeutsche Zeitung*, 31. 3. 2012
7. vgl. Thomas Klemm: »Der Besuch der alten Dame«, *Frankfurter Allgemeine Sonntagszeitung*, 8. 4. 2012
8. Wilhelm Genazino: »Wenn wir Tiere wären«, Hanser-Verlag, München 2011, S. 60
9. »Der letzte Mohikaner«. Christoph Amend im Gespräch mit Thomas Gottschalk, *ZEIT-Magazin Leben*, 19. 3. 2008

Das Geheimnis der Miuccia Prada. Oder: Wie man zur Stilikone wird, indem man das Diktat altersgerechter Kleidung ignoriert

1. »Das ganze Enchilada liegt in uns!«, Georg Klein im Gespräch mit David Lynch, *Süddeutsche Zeitung*, 28./29. 11. 2009
2. Christoph Bartmann: »Die Performance-Falle«, *Süddeutsche Zeitung*, 25. 1. 2012
3. vgl. Peter Dausend: »Wenn schon Frauen, dann schöne«, *DIE ZEIT*, 8. 3. 2012
4. Miuccia Prada: »Les vêtements sont des idées«, Valérie Toranian und Sophie Gachet im Gespräch mit der Designerin, *ELLE*, 20. 1. 2012
5. ebenda.
6. »Mode macht Männern Angst«. Claudia Fromme im Gespräch mit Jeremy Hackett, *Süddeutsche Zeitung*, 13. 12. 2010
7. »Schönes gehört nun mal restauriert«. Anuschka Roshani im Gespräch mit Carmen Dell'Orefice, *SZ-Magazin* Nr. 17/2012
8. »Dandy in der Komfortzone«. Arno Frank und Thomas Gross im Gespräch mit Bryan Ferry, *DIE ZEIT*, 21. 10. 2010
9. vgl. Ari Seths Blog »Advanced Style«, advancedstyle.blogspot.com

Das Jackie-O.-Prinzip. Die Kunst, im Alltag ohne großen Aufwand fantastisch auszusehen

1. zit. nach Fred Grimm: »Schöner wird's nicht«, *SZ-Magazin* Nr. 36/2010
2. Frank Thadeusz: »Krise im Kleiderschrank«, *DER SPIEGEL* Nr. 16/2012

3. Miuccia Prada über »Kunst«. Interview von Eva Karcher, *Süddeutsche Zeitung*, 8./9. 12. 2007
4. Elke Krüsmann: »Auf dem Sprung«, *ELLE* 11/2011
5. Elke Krüsmann: »Meister der Reduktion«, *ELLE* 3/2011
6. vgl. *ELLE* August 2011
7. vgl. Shelly Branch/Sue Callaway: »Was würde Jackie tun?«, Mosaik bei Goldmann, München 2008

Der Lady-Code. Acht unverwüstliche Weisheiten zum Thema Stil

1. vgl. Karen Horn: »Der Traum vom Sommerhaus im Grünen«, *Frankfurter Allgemeine Sonntagszeitung*, 19. 3. 2006

Warum Sie sich vor Menschen hüten sollten, die Ihnen einen rosenholzfarbenen Lippenstift verkaufen wollen

1. vgl. Kathleen Baird-Murray: »Age before beauty«, *The Sunday Times Magazine*, 15. 2. 2009
2. vgl. Eva Illouz: »Warum Liebe weh tut«, Suhrkamp-Verlag, Berlin 2011
3. Ulrike Posche: »Gesicht zeigen«, *stern* Nr. 16, 2012
4. vgl. Andreas Bernard/Susanne Schneider: »Da war schon eine unglaubliche Konzentration«, *SZ-Magazin*, 18. 5. 2012
5. Marie Schmidt: »Schlachtfeld Frau«, *DIE ZEIT*, 8. 3. 2012
6. Stil-Essay von Gabriele Strehle, www.elle.de/Artikel/Stilbotschafter-Stil-Essay-Gabriele-Strehle

Das erotische Kapital der erwachsenen Frau

1. Catherine Hakim: »Erotisches Kapital. Das Geheimnis erfolgreicher Menschen«, Campus-Verlag, Frankfurt/New York 2011, S. 46
2. Carla Schulz-Hoffmann (Hg.): »Frauen. Picasso, Beckmann, de Kooning«, Hatje Cantz-Verlag, Ostfildern 2012, S. 310
3. vgl. Hakim, S. 307
4. vgl. Hakim, S. 260
5. vgl. Hakim, S. 23

Die Liebe in den Zeiten des Jugendwahns. Vier Szenarien, vier Happy Ends

1. vgl. »Gutes Leben im Alter«, S. 78
2. Sibylle Berg: »Liebe ist das, was bleibt«, DIE ZEIT, 9.6.2005
3. Bei dem berühmten Autor handelt es sich um den wunderbaren Michael Winter, von dessen Essay »Die große Alleinsamkeit« (Süddeutsche Zeitung 21./22.6.2012) diese Betrachtung inspiriert ist.
4. Hermann Simon: »Hidden Champions. Aufbruch nach Globalia. Die Erfolgsstrategien unbekannter Weltmarktführer«, Campus-Verlag, Frankfurt am Main 2012
5. Annemarie Ballschmiter: »Eine Frau steigt aus«, Welt Online, 31.7.2011
6. Christa Wolf: »Nachdenken über Christa T.«, Suhrkamp-Verlag Frankfurt, 2006
7. Alexander Gorkow: »Pass auf dich auf«, Süddeutsche Zeitung, 15./16.9.2012

Die Glory Days in der Lebensmitte: Warum es ein Glück sein kann, wenn Erfolg, Anerkennung oder die große Liebe erst spät eintreffen

1. vgl. »Gutes Leben im Alter«, S. 84f.
2. vgl. David Weeks/Jamie James: »Exzentriker«, Rowohlt-Verlag, Reinbek 1997

Warum jeder Mensch zwei Freunde braucht: einen warmherzigen Kritiker und einen hingerissenen Fan

1. »Spaß her und Ernst beiseite«. Renate Müller im Gespräch mit Gerhard Polt, Frankfurter Allgemeine Sonntagszeitung, 6.5.2012

»Es pocht eine Sehnsucht an die Welt«: Über den Umgang mit verpassten Träumen. Oder: Warum man sich Herzenswünsche jetzt erfüllen sollte

1. Iris Radisch: »Vom Glück der Erleuchtung«, DIE ZEIT, 19.12.2007
2. Jean Améry: »Der Blick der Anderen«. In: »Gutes Leben im Alter«, S. 142

3. Grant McCracken: »Culture and Consumption«, Indiana University Press, Bloomington 1988
4. Neil Millard: »Superstar DJ: Ruth is a hit in Paris ... aged 69«, *Mail Online*, 30. 1. 2010

Aufbruch in die Freiheit: Wie man einem Abschied Grandezza gibt

1. Joseph von Westphalen: »Von der Kunst des wirkungsvollen Abgangs«, *Park Avenue*, 3/2007
2. »Wir sind dann mal weg«. Alex Rühle im Gespräch mit Mathias Mayer, *Süddeutsche Zeitung*, 22. 7. 2010

Mit Grazie scheitern: Über den Umgang mit Niederlagen und ungenutzten Chancen

1. »Ich bin ein Genie«. Alina Fichter und Hannah Wilhelm im Gespräch mit Markus Lüpertz, *Süddeutsche Zeitung*, 8. 4. 2011
2. Miriam Meckel: »Bring die Zeit zum Stillstand«, *jetzt Uni & Job*, Nr. 5/2011, S. 33

Sieben Rezepte aus der philosophischen Hausapotheke – zur Politur des Selbstbewusstseins in turbulenten Zeiten

1. Claire Lenkova und jfb: »Landschaft«, *Frankfurter Allgemeine Sonntagszeitung*, 18. 11. 2012
2. Ursula Nuber: »Sei nachsichtig! Mit dir selbst!«, *Psychologie heute*, 9/2011
3. »Wer nur funktioniert, ist eigentlich tot!« Peter Sandmeyer im Gespräch mit Pater Anselm Grün, *stern* 38/2008
4. Marina Abramovic über »Erkenntnis«. Interview von Kristin Rübesamen, *Süddeutsche Zeitung*, 1. 12. 2012
5. vgl. Annette Schäfer: »Sie sind jünger, als Sie denken!«, *Psychologie heute*, 6/2010
6. »Das Schicksal ist doof«. Philippe Pozzo di Borgo und Samuel Koch im Gespräch mit Markus Feldenkirchen, *DER SPIEGEL* Nr. 29/2012

Bibliografie

Ernst Augustin: »Der Künzler am Werk«, H. Beck Verlag, München 2004

Jennifer Baumgartner: »You Are What You Wear. What your clothes reveal about you«, DaCapo Lifelong Books, Cambridge Massachusetts, 2012

Shelly Branch/Sue Callaway: »Was würde Jackie tun?«, Mosaik bei Goldmann, München 2008

James N. Frey: »Wie man einen verdammt guten Roman schreibt«, Emons Verlag, Köln 2002

Wilhelm Genazino: »Wenn wir Tiere wären«, Hanser Verlag, München 2011

Catherine Hakim: »Erotisches Kapital. Das Geheimnis erfolgreicher Menschen«, Campus Verlag, Frankfurt a. M./New York 2011

Eva Illouz: »Warum Liebe weh tut«, Suhrkamp Verlag, Berlin 2011

Grant McCracken: »Culture and Consumption«, Indiana University Press, Bloomington 1988

Max Otte: »Der Crash kommt«, Ullstein Verlag, Berlin 2008

Laurie Penny: »Fleischmarkt. Weibliche Körper im Kapitalismus«, Edition Nautilus, Hamburg 2012

Thomas Rentsch, Morris Vollmann: »Gutes Leben im Alter. Die philosophischen Grundlagen«, Reclam Verlag, Stuttgart 2012

Ralph Rothmann: »Shakespeares Hühner«, Suhrkamp Verlag, Berlin 2012

Frank Schirrmacher: »Das Methusalem-Komplott«, Heyne Verlag, München 2005

Wilhelm Schmid: »Schönes Leben? Einführung in die Lebenskunst«, Suhrkamp Verlag, Frankfurt am Main 2000

Carla Schulz-Hoffmann (Hg.): »Frauen. Picasso, Beckmann, de Kooning«, Hatje-Cantz Verlag, Ostfildern 2012

Hermann Simon: »Hidden Champions. Aufbruch nach Globalia. Die Erfolgsstrategien unbekannter Weltmarktführer«, Campus Verlag, Frankfurt am Main, 2012

David Weeks, Jamie James: »Eccentrics«, Villard Books, New York 1995

Christa Wolf: »Nachdenken über Christa T.«, Suhrkamp Verlag, Frankfurt am Main 2006

Danke!

Allem Anfang wohnt ein Zittern inne. Das gilt auch für den Moment, in dem man ein Manuskript in die Welt setzt und bangt: Wird es dort draußen Freunde finden?

Es war mein Glück, dass dieses Debüt von Anfang an in gute Hände kam. Dr. Petra Eggers gab das erste positive Feedback und sorgte dafür, dass aus einer Idee ein handfestes Projekt wurde. Monika König förderte und begleitete es mit Leidenschaft, Cornelia Hanke und Manuela Knetsch lektorierten den Text mit Sensibilität und Präzision.

Karin Ecker-Spaniol bereicherte das Buch dank ihrer zauberhaften Vignetten mit visueller Poesie.

Für großzügige Ideenspenden und philosophischen Beistand danke ich Silke Amthor, Christa von Bernuth, Stephana Howe, Constanze Kleis, Christiane & Andreas Nixdorff, Hannes Schmidt, Hans Sedlmaier, Gaby Ullmann, Carla Woter & Tom Spahl sowie den vier fabelhaften Landmann-Ladys Anne, Hanna, Marie & Sarah, Dirk Natho und Gesine Wischerhoff.

Sabine Nedelchev und meine Kolleginnen von Elle inspirieren mich täglich durch ihre Klugheit und ihren Stil.

Und Bernd Herbon, dem dieses Buch unzählige Anregungen und Erkenntnisse verdankt, ist und bleibt mein liebster Begleiter auf jeder Tour d'Horizon.

Unsere Leseempfehlung

160 Seiten

Die beliebte Schauspielerin Ruth Maria Kubitschek erzählt, wie sie dem Weg des Älterwerdens am liebsten ausgewichen wäre. Sie verrät ihre Geheimtipps für die Schönheit von Körper und Seele. Denn heute weiß sie: Um anmutig älter zu werden, muss man an sich selbst arbeiten. Das Buch spiegelt die Höhen und Tiefen ihres Lebensweges, ihre erfrischende Fähigkeit, über sich selbst zu lachen, und ihr starkes Interesse für die Weisheit des Lebens.

Unsere Leseempfehlung

240 Seiten
Auch als E-Book
erhältlich

Wenn Frauen in die mittleren Jahre kommen, öffnet sich ihnen eine Welt voller Merkwürdigkeiten und Abenteuer. Alles ebenso erstaunlich wie doch den Gleichaltrigen verdächtig vertraut: Barbara Dribbusch lässt die Leserin teilhaben und spürt bei zahlreichen Gelegenheiten den Absurditäten, aber auch der überraschenden Romantik dieses Lebensabschnitts nach.